# إتقان فن المحادثة
## تقنية مثبتة لجذب أي شخص والتواصل معه 25

بصمة


عنوان الكتاب: إتقان فن المحادثة
العنوان الفرعي للكتاب: 25 تقنية مجربة لجذب أي شخص والتواصل معه
المؤلف: ناتاشا تيليت سلايتون



المؤلف: ناتاشا تيليت سلايتون
اتصال: wakdeamay@gmail.com

# إتقان فن المحادثة

تقنية مثبتة لجذب أي شخص والتواصل معه 25

كتب بواسطة
ناتاشا تيليت سلايتون

الهند
2024

محتويات

الفصل 1- كيف لا يكون هناك تفاعل سيء أبدًا


كيفية نيالاصدار هل تفاعل غير سارة

الجميع يريد أن يبدو أكثر جاذبية. الجميع يريد أن يكون محبوبا وساحرا. هل فكرت يومًا فيما تعنيه هذه الكلمات؟ ما الذي يجعل شخصًا ما جذابًا وجذابًا بينما يكون الآخر مملًا أو مزعجًا؟ قد تكون لديك إجابات مختلفة في نهاية هذا الدليل عما كانت عليه عندما بدأت.

سندرس المبادئ التي تكمن وراء المحادثات الأفضل والوعي الاجتماعي والتعاطف الذكي، لمساعدتك في الحصول على تفاعلات أكثر جاذبية وأكثر ترابطًا، سواء كان ذلك مع أصدقائك أو زملائك أو شركائك الرومانسيين.

أكبر عائق أمام أن تصبح شخصًا جذابًا ورائعًا هو سوء فهم معنى السحر. ليس من الضروري أن تكون متحدثًا جيدًا أو انطوائيًا.

هيا بنا نبدأ.

تعكسني


هل سبق لك أن لاحظت كيف تتواصل الأم مع طفلها؟ يحدقون في بعضهم البعض باهتمام، وتقوم الأم بتضخيم أي ضجيج أو تعبير يصدره الطفل.


حتى - الطفل يراقب بسعادة غامرة. إنكم تشهدون شكلاً بدائيًا وقديمًا استخدمه جنسنا البشري منذ بداياته.

غالبًا ما يُنظر إلى المحادثة على أنها شيء يحدث لفظيًا، لكن الاتصال الاجتماعي الحقيقي يبدأ قبل وقت طويل من نطق أي كلمة. وهنا يأتي دور الانعكاس. لقد طور البشر، كحيوانات اجتماعية، القدرة على الملاحظة والتكيف مع المواقف الاجتماعية. وهذا يجعلنا نشعر بمزيد من السمع والفهم وجزء من المجموعة.

النسخ المتطابق هو عندما نحاكي التواصل غير اللفظي أو اللفظي لشخص آخر. يمكن أن يكون الأمر بسيطًا مثل محاكاة لغة جسد الشخص أو وضعيته، أو استخدام كلمات أو تصريفات أو حجم كلام مماثل. أو ربما يتبنى ردود أفعال وجهية مماثلة لتتناسب مع ردود أفعالهم. نحن نفعل ذلك بشكل طبيعي لدرجة أننا لا نحتاج إلى أن يقال لنا ما نفعله. ما نحاول قوله عادة هو: أنا أفهمك. أفهم. أفهم

النسخ المتطابق ليس خدعة. إنه أساس التواصل الجيد والتعاطف. تخيل كيف تشعر عندما لا يفكر الناس. قد تشعر بالضعف والانزعاج. الشخص الذي تتحدث معه يستجيب باستخفاف. أصواتهم أعلى، ونبرة صوتهم أكثر استرخاءً، ولغة جسدهم أكثر نشاطًا. لن تعتقد أنهم كانوا منتبهين، أليس كذلك؟

تخيل أنك تشارك بعض الأخبار الجيدة مع شخص ما ولا يظهر نفس الإثارة من خلال صوته أو تعبيرات وجهه أو كلماته. ربما تعلم أنهم ليسوا متحمسين مثلك، لكن رفضهم إظهار حماستك هو علامة على عدم الاحترام.

يعد النسخ المتطابق طريقة رائعة لتوصيل الثقة والاحترام والاتصال. ليس من الضروري استخدامه ولكنه يجعل التواصل أسهل بكثير. حتى أن هناك دليل علمي على ذلك. في دراسة أجريت عام 2008 ونشرت في مجلة علم النفس الاجتماعي التجريبي، طُلب من 62 طالبًا التفاوض. تمكن الطلاب الذين استخدموا النسخ المتطابق من الوصول إلى الحل بنسبة 67% من المرات، بينما وصل الطلاب الذين لم يستخدموا النسخ المتطابق إلى الحل بنسبة 12.5% من المرات فقط.


كورهان وآخرون. نشر بحثا مماثلا في عام 2007. وفي مجلة علم النفس التطبيقي، وجد أن الانعكاس بشكل عام يتنبأ بمفاوضات أفضل - مع ظهور هذه التأثيرات بالفعل خلال الدقائق الخمس الأولى من المحادثة. ليس من الصعب معرفة السبب: ما الذي يمكن أن يكون أكثر فائدة للمفاوضات من التواصل القوي القائم على التعاطف والتشابه بين الطرفين.

يعد النسخ المتطابق وسيلة لتحسين ما تفعله بشكل طبيعي بالفعل. يجب أن يكون طبيعيا. وهنا بعض الأمثلة.

يتصل العميل لتقديم شكوى. على الرغم من أنك تعتقد أن الشكوى تافهة، فمن الواضح أنهم منزعجون. اخترت التحدث كما يفعلون. أنت تسقط الملعب وتتحدث بجدية أكبر. أنت تتحدث أبطأ لأنهم يتحدثون ببطء. أنت تُظهر للشخص ما تعنيه بدلاً من قول "أنا أفهم من أين أتيت".

من خلال تذكر ما يتواصلون معه. وهذا هو معكوسة اللفظية.

أنت في موعد وتريد أن تدع الشخص الآخر يعرف أنك تستمتع به. لاحظت أنهم أحيانًا يمسحون أيديهم على ذراعك أو كتفك عندما تكون بالخارج للمشي. تفعل الشيء نفسه بعد بضع دقائق. الإشارة غير اللفظية واضحة! أنت تتكئ على الطاولة عندما تجري محادثة ويفعلون الشيء نفسه. أنت تبتسم وتضحك أيضًا. أنت تصبح بعضكما البعض دون وعي

مع تقدمنا في السن، نصبح أكثر وعيًا بـ "الاقتران الديناميكي" والمحاذاة. هذا التزامن غير اللفظي هو مقدمة لمزيد من الوضوح

في وقت لاحق، سوف تواجه التزامن والظواهر النفسية.

أنت عند معالج الثلج، وتعبر عن بعض المشاعر غير المريحة. لا يحاكي المعالج كلماتك أو وضعك الجسدي تمامًا، ولكنه يقول: "أتفهم مدى صعوبة الأمر بالنسبة لك"، ويغير سلوكه وفقًا لذلك. لو لم يكن

إذا كنت تبتسم من الأذن إلى الأذن أو بدا عليك الملل، فهذا سيجعلك تشعر بعدم الاهتمام وعدم الاحترام. الانعكاس العاطفي هو

يبدو الأمر وكأنك تحمل مرآة مجازيًا للحالة العاطفية لشخص ما، كما لو كنت تقول: "أرى كيف تشعر". لكن في بعض الأحيان، يكون الأمر مجرد مسألة الاستماع بنشاط دون مقاطعة ثم إعادة صياغة ما سمعناه.

يعد النسخ المتطابق طريقة رائعة لجعل الأشخاص يشعرون بأنهم مرئيون ومسموعون بطريقة قد لا يكونون على علم بها، ولكنها ستظل تشعرهم بالدفء والانفتاح تجاهك. يعتقد الكثير من الناس أن إجراء محادثة رائعة يدور حول كونك مضحكًا أو ذكيًا. لكن ما يربط الناس بك حقًا هو التزامن. هل أنت على نفس الطول الموجي لهم؟ هل تفهم؟ إنه اتصال عاطفي أكثر منه لفظي أو معرفي.

يمكن أن يحدث خطأ في عملية النسخ المتطابق. لا تبالغ في الأمر، أو تجعل الأمور محرجة من خلال الوضوح. إذا عرف الناس أنك "تقلد"، فقد تكون النتائج كارثية. يجب ألا تعكس أبدًا أي شخص عندما لا تكون مخطوبًا. سوف يبدو متلاعبًا. قد يكون من الجيد أيضًا تجنب محاكاة لغة الجسد أو الكلام أثناء النزاع. من الواضح أنك لا تريد أن يقوم شخص ما بتقليد حركة عينك أو صوتك المرتفع أو الشتائم أو العبوس! افعل ما بوسعك لإظهار أنك تفهم مشاعرهم دون أن تغضب أو تنزعج أو وقحا.

يعمل النسخ المتطابق بشكل أفضل عند القيام به بشكل فردي. عندما تكون في مجموعة، من الأفضل قياس الحالة المزاجية وضبط تعبيراتك اللفظية وغير اللفظية لتتناسب مع ذلك. إذا كان الجميع منخفضي الطاقة، وغير رسميين، فلا تتحدث بصوت عالٍ أو تتحمس. لا تدع نفسك يشتت انتباهك عن طريق المحادثة. قد تتمكن من ملاحظة أن شخصًا ما يعكسك ـ أو أن الشخص الآخر لا يستجيب بشكل جيد عندما تعكسه.

يمكنك اختيار الانعكاس لفظيًا أو غير لفظي أو عاطفيًا (أو حتى الثلاثة جميعًا!) ابدأ صغيرًا وتحرك ببطء. الاتصال ببطء وثبات.

بإخلاص. شاهد التأثيرات التي تواجهها وقم بإجراء التعديلات وفقًا لذلك. قد تجد أنه عندما تحاكي وضعية شخص ما فإنه يتحول على الفور إلى وضعية أخرى. في هذه الحالة، اقلب الأمور!

من المهم أن تضع في اعتبارك أن النسخ المتطابق ليس شيئًا تفعله مع شخص ما. إنه ليس شيئًا تفعله لشخص ما.

أنت تفعل مع شخص ما. يساعدك النسخ المتطابق على إبقاء انتباهك على الشخص الآخر.

استخدم قاعدة الثلاثة

ادعى ويليام جيمس، الذي يعتبر على نطاق واسع أحد مؤسسي علم النفس، أن "أعمق رغبة لدى كل إنسان هي أن يتم تقديره". غالبًا ما تسوء المحادثات لأننا مشغولون بحياتنا لدرجة أننا لا نستطيع ملاحظة الآخرين أو تقديرهم!

لقد طور كارل ألبريشت، مدرب الإدارة، صيغة تساعدك على التغلب على هذا الاتجاه والانخراط في محادثات أكثر واقعية. ويرى أن المحادثات كلها تتكون من ثلاثة عناصر:

التصريحات هي حقائق أو آراء يتم تقديمها كحقيقة.

سؤال

الرقائق" أو "المؤهلات".

تنص هذه القاعدة على أنه لا ينبغي عليك مطلقًا استخدام ثلاثة تصريحات بدون مؤهل أو سؤال. وهذا يسمح لنا بالتحدث إلى الناس، وليس إلى أو . انتبه دائمًا إلى أن غالبية المحادثات ليست لفظية. لن يسمعوا فقط ما تقوله، ولكن أيضًا مدى احترامهم وتقديرهم لهم. يمكن أن يقول الشيء الصحيح، ولكن إذا لم تكن المحادثة جيدة، فستكون فاشلة!

خذ نظرة أقرب. التصريحات هي بيانات واقعية. إنهم أكثر واقعية عندما يتصرف الناس وكأن شيئًا ما حقيقي. ربما لاحظت أن بعض الأشخاص يبدون كأنهم يحاضرون أو يقفون على المنبر. إذا كانت ذخيرتك الحوارية بأكملها عبارة عن إعلان، فهذا ما ستحصل عليه. المشكلة مع

غالبًا ما يتم التعبير عن الآراء بقدر أكبر من اليقين مما هو ضروري. على سبيل المثال، "لم تشهد بريطانيا ثورة مثل فرنسا أبدًا"، أو "ستكون أحمقًا إذا تناولت الغلوتين اليوم". قد تتسبب في إزعاج أو إزعاج أو عدم احترام جمهورك، الذي ليس في الواقع "جمهورًا".

لا تحتاج إلى التخلي عن كل شغفك وآرائك ووجهات نظرك ـ كل ما عليك فعله هو الحفاظ على توازنها. يمكنك القيام بذلك عن طريق طرح أسئلة مدروسة. إنها طريقة رائعة لإظهار الاهتمام بشخص آخر، وإيصال الاحترام، والانفتاح. يوضح هذا أن المحادثة هي أكثر من مجرد فرصة للتعبير عن نفسك ـ إنها تعاونية. "أنا من محبي الفرانكوفونية، هل عشت هناك لفترة طويلة؟"

إذا وجدت نفسك على وشك الإعلان عن شيء ما للمرة الثالثة أو أكثر، توقف واسأل نفسك سؤالاً بدلاً من ذلك. اسأل بدلاً من أن تقول "النقاش حول الانتخابات الرئاسية كان في حالة من الفوضى"، "ما رأيك في ذلك؟"

يمكنك أيضًا استخدام بعض الشروط أو الرقائق. إنه مثل قول ما تفكر فيه أو إعلان شيء ما دون أن تضرب الناس في وجوههم. يحتاج معظمنا إلى تعلم كيفية القيام بذلك. وهذا أكثر من مجرد حسن الخلق. يظهر أنك تحترم آراء الآخرين، حتى لو كنت تختلف معهم. كمثال:

استخدام عبارات مثل "يبدو" أو "قد أكون مخطئًا ولكن

وهذا يدل على احترام الآخرين، حتى لو كانوا يختلفون معك. يرسل هذا رسالة مفادها أنك تقدر مشاعر الآخرين وعلاقتك بهم أكثر من حاجتك إلى أن يتم رؤيتك أو سماعك بطريقة معينة.

يمكن استخدام قاعدة الثلاثة هذه بسهولة. يمكنك البدء بملاحظة نسب هذه العناصر الثلاثة في محادثاتك اليومية.

لاحظ كيف يتحدث الآخرون. يجب عليك أيضًا الانتباه إلى الطريقة التي تتحدث بها بنفسك. لاحظ مقدار المحادثة التي استمتعت بها كانت تصريحية.

قد تميل إلى الحديث عن آرائك بشكل تفصيلي، خاصة إذا كان هذا الأمر شغوفًا به أو موضوعًا تعرف الكثير عنه. فقط تذكر أن الغرض من المناقشة ليس شرح رأيك. إذا استمعت إلى كلا الجانبين من القصة، فسوف يجعلك ذلك تبدو أكثر تعاطفًا وسحرًا ومحبوبًا. قد لا تصدق ذلك، ولكن هذه القاعدة ستجعل المحادثات أكثر متعة بالنسبة لك.

عندما تطرح سؤالاً مؤهلاً أو تستخدم مؤهلاً، ستجعل الآخرين يشعرون على الفور بأنهم موضع تقدير وتقدير. هذا سيجعلك تبدو أكثر جاذبية وجاذبية. يحاول الناس في كثير من الأحيان أن يكونوا جذابين، لكن ينتهي بهم الأمر بالسيطرة على المحادثة من خلال محاولة الظهور بطريقة معينة. ينجذب الناس إلى الأشخاص الذين يجعلون الآخرين يشعرون بالرضا! بكل بساطة

تذكر أن المحادثة ليست تمرينًا بسيطًا لتقصي الحقائق أو مسابقة لتحديد من هو الأذكى. الأمر كله يتعلق بالاتصال. اطرح سؤالاً في المرة القادمة التي تشعر فيها أن المحادثة لا تؤدي إلى أي مكان. قد تكتشف أن محادثاتك الأكثر إثارةً للاهتمام وأفضلها هي تلك التي لا تدلي فيها إلا بعدد قليل جدًا من التصريحات.

"ARE." تجنب الحديث القصير باستخدام طريقة

هل "تكره الحديث الصغير" مثل كثير من الناس؟ من الممكن أنك لا تكره الحديث القصير، لكنك لا تفهم كيفية العمل. صحيح أن بدء محادثة قد يكون أمرًا محرجًا، بل وقد يكون مرهقًا. لكن الحقيقة هي أنه لا يجب أن المهمة من الحديث البسيط وتساعدك على الوصول إلى الأشياء المثيرة ARE يكون كذلك. ستأخذ طريقة (...للاهتمام، أي الحديث الكبير! لاحقًا في الكتاب سنرى أن الحديث البسيط ليس ضروريًا دائمًا

تم إنشاء طريقة ARE ثلاث خطوات تذكر السهل من يجعل اختصار وهي فليمنج كارول الدكتورة بواسطة
بسيطة:

أ = مرساة

ابدأ بشيء يربطك بالشخص. ابحث عن شيء مشترك بينك وبين الشخص، بغض النظر عن بعده. لا تحتاج إلى أن تكون ذكيًا، أو حتى مضحكًا. يجب أن تكون طبيعية فقط. سوف تبدو عصبيًا وغير طبيعي إذا كنت تعتقد أنه يتعين عليك استخدام "خط الالتقاط" الذكي أو ما شابه.

يمكنك استخدام هذه العبارة بعدة طرق.

ص = كشف

بعد أن تكون قد أنشأت علاقة، فقد حان الوقت لتكشف عن شيء ما يتعلق بالمذيع عن نفسك. يمكنك أن تقول "لطالما أحببت التيراميسو، وأستطيع أن أشكر جدتي الإيطالية على ذلك!" أو "أنا لست من هنا، لذا أعتقد أنني مازلت لا أحب الطقس البارد..."

ه = تشجيع

يمكنك أن تطلب من الشخص أن يخبرك قليلاً عن نفسه. ماذا عنك؟ ما هي الحلوى المفضلة لديك؟

هذا كل شيئ. من تلك النقطة، سيكون لدى الشخص الآخر فرصة كافية ليقول شيئًا لبدء الأمور. من المهم ليس من الضروري اتباعها حرفيًا. يمكنك اختيار البدء بمرساة والتوقف مؤقتًا ARE ملاحظة أن تقنية لانتظار الرد، ثم الكشف عن فكرتك، والتوقف مؤقتًا مرة أخرى، والتشجيع بدلاً من إلقاء خطاب مرة واحدة.
(

ربما لا تزال في حيرة من أمرك وما هو. هناك اختصار يمكن أن يساعدك في هذا أيضًا! هذا الاختصار يسمى FORM

ف = العائلة

إنه دائمًا موضوع آمن. كم عدد الأخوة لديهم؟ أطفال؟ أطفال؟

س = المهنة

ليس عليك أن تسأل "ماذا تفعل؟"), بل أسئلة أكثر تحديدًا مثل "ما هو الجزء المفضل لديك من وظيفتك؟" أو "كم هو رائع! هل أردت دائمًا أن تكون معالجًا للتنويم المغناطيسي للكلاب؟"

ص = الترفيه

يمكنك أن تسأل عن هواياتهم أو أفلامهم أو كتبهم أو رحلاتهم أو ما يفعلونه في أوقات فراغهم. يمكنك أن تسأل عن تفضيلاتهم وأذواقهم.

م = الدافع

وما هي أهدافهم وخططهم ورؤاهم؟ هذا سؤال حول ما هو مهم بالنسبة لهم وما الذي يحفزهم.

وبطبيعة الحال، يمكنك الجمع بين كل ما سبق. يمكنك، على سبيل المثال، أن تقول "رائع! أربعة أشقاء!" أنا أنتمي إلى عائلة كبيرة أيضًا. يمكنك الجمع بين العائلة والتحفيز من خلال طرح السؤال التالي: "هل تعتقد أنه سيكون لديك العديد من الأطفال عندما تكبر؟" يمكنك أيضًا أن تقول: "لم أقابل مدرسًا للشعر من قبل. هل تستمتع بقراءة الشعر في وقت فراغك؟" هذا مزيج من الاحتلال مع الترفيه.

يجب أن تدرك أن بعض الإحراج يمكن أن يحدث، لكن لا داعي للقلق بشأن ذلك. سوف يستجيب معظم الناس بشكل إيجابي إذا ابتسمت وكان لديك فضول. إن نطق اسمك عدة مرات سيساعد الأشخاص على تذكره.


يمكنك أيضًا أن تتذكر تفاصيل محددة عما أخبروك به في المرة القادمة التي تراهم فيها. "أوه، مرحبًا مرة أخرى! كيف كان تخرج ابنتك؟"

حتى لو كنت تفعل كل شيء بشكل صحيح، فقد لا تستمر المحادثات البسيطة وستجد نفسك راغبًا في الخلوة. وهذا موافق! هذه طريقة رائعة للخروج من روتين المحادثة. يمكنك اختلاق عذر، لكن لا تنس استخدام كلمة "حاجة". على سبيل المثال: "حسنًا، لقد كانت الدردشة معك رائعة، لكن يجب أن أذهب للاطمئنان على أطفالي، لأنك تعرف كيف يمكن أن يكونوا!" أو "أوه، من فضلك معذرة. يجب أن أذهب لألقي التحية على صديق لم أره منذ زمن طويل." إذا أردت، يمكنك أيضًا تسهيل الخروج بقول شيء لطيف يكرر ما تحدثت عنه. كان من الرائع مقابلتك! حظا جيدا غدا!

استخدم قاعدة الدقيقة الواحدة لتجنب الإجابات الطويلة

هذه حقيقة غير مريحة، ولكن إذا كنت تستطيع قبولها، فسوف تصبح أفضل في التواصل بين عشية وضحاها. لا يهتم الآخرون بالقدر الذي تعتقده بالاستماع إليك وأنت تتحدث عن نفسك. إنه أمر محزن ولكنه حقيقي! لن تشك في ذلك أبدًا إذا فكرت في مدى الملل الذي تشعر به عندما يتحدث الناس عن أنفسهم إلى ما لا نهاية.

يقول مارتي نيمكو إن لديه "قاعدة إشارة المرور" التي ستساعدك على تحسين محادثتك، خاصة إذا كانت مشتتة. ما هي العلامات التي تدل على أنك "متسكع"؟ إذا شعرت أن الناس يتجاهلونك، فهذه علامة تحذير. ربما تكون قصتك مثيرة للاهتمام وذات صلة. أنت تأخذ الكثير من الوقت لتقول ذلك.

القاعدة غير المعلنة: افترض أن لديك دقيقة واحدة لشرح وجهة نظرك. ثم دع المحادثة تستمر. يمكنك أن تفترض أن الضوء سيكون أخضر اللون خلال أول 30 ثانية وأنك تقوم بتوصيل رسالتك.


انتباه المستمع. سيتحول الضوء إلى اللون الأصفر خلال 30 ثانية وقد يبدأ انتباه المستمع في التضاؤل. بعد دقيقة واحدة، يتحول الضوء إلى اللون الأحمر، مما يشير إلى أنهم لم يعودوا يستمعون.

يمكننا أن ننسى بسهولة الوقت الذي نروي فيه قصة، لأن الحكي أكثر متعة من الاستماع. ضع في اعتبارك أن القصص المصورة الارتجالية يمكن أن تقضي أشهرًا في العمل على "الخمسة الضيقة" ـ أي أن المجموعة عبارة عن خطاب مدته خمس دقائق. حتى المحترفين الذين بذلوا الكثير من الجهد في بعض الأحيان لا يمكنهم جذب انتباه الجمهور لأكثر من 5 دقائق.

ليس عليك أن تكون خجولًا بشأن التحقق من ساعتك أثناء التحدث. قد يكون من المفيد أن تتدرب بنفسك قليلًا باستخدام المؤقت لتكوين فكرة عن طول الدقيقة. يمكنك أيضًا الاستماع إلى جمهورك. استمر إذا كانوا يستمعون أو يضحكون ويتوسلون إليك للاستمرار. يجب عليك التوقف إذا بدأوا في التململ أو بدا عليهم الملل. إذا بدأت تظهر عليهم علامات التعب، توقف. سوف تكتسب فقط سمعة الملل الذي لا هوادة فيه.

لا تحتاج إلى تحمل التشتت من الآخرين أيضًا. نحن لا نرغب دائمًا في تمرير عصا المحادثة لأننا نخشى ألا نحصل على كلمة أخرى. تذكر أن المحادثة لا تتضمن لعبة شد الحبل، ولكنها مباراة تنس ودية.

أنت لا تلعب لعبة إذا احتفظت بالكرة في يدك طوال الوقت. يمكنك دائمًا التحدث لاحقًا إذا كنت تريد ذلك. لا تثبط عزيمتك إذا كنت ثرثارًا وتشعر أن لديك الكثير من المعلومات المثيرة للاهتمام لتقدمها. إذا كنت منخرطًا، فسوف يستمع إليك الناس أكثر. إذا كنت تشك في أن الآخرين يجدون كلامك مشتتًا ومملًا، فإليك بعض النصائح:


إبقاء الناس يريدون المزيد. لا تشارك كل شيء دفعة واحدة. إذا كنت فضوليًا، دع الآخرين يسألون. بعض الناس سوف يستمعون إليك أكثر عندما تتحدث.

اترك بعض الأشياء غير المعلنة. يمكنك أن تقول "حسنًا، تذكرني يومًا ما وسأخبرك بهذا"، ولن يدفعك الشخص إلى الاستمرار.

إذا لم تشرح بالتفصيل، يمكنك إنهاء القصة دون خوف والاستمرار.

ابطئ. على الرغم من أن الأمر قد يبدو غير بديهي، لا تتعجل في توضيح وجهة نظرك. ركز على إلقاء خطابك وتعديل صوتك لجعله مثيرًا للاهتمام.

قبل أن تتكلم، توقف وفكر. ليس من الضروري إعداد خطاب مسبقًا، لكن لا ينبغي أن تفتح فمك وتبدأ بالكلام، ثم تقرر ما ستقوله. إنها فكرة جيدة أن تعتاد على الصمت بدلًا من استخدام كلمات مثل "أم".

تخيل أنك تتحدث مع شخص ما والمحادثة عبارة عن بالون يطفو في الهواء. في كل مرة تقفز فيها بيدك، سوف يطفو البالون إلى أعلى، لكنه يبدأ فورًا في الغرق. المحادثات الجيدة مفعمة بالحيوية ويتناوب الجميع في قذف البالون. لا تنخفض أبدًا إلى مستوى منخفض جدًا. المحادثات السيئة هي تلك التي يمسك فيها شخص ما البالون، أو يسقط البالون على الأرض، أو يقفز الشخص البالون بمفرده، دون أن يترك الفرصة لأي شخص آخر. لن يكون أحد مهتمًا بالوقوف والمشاهدة، أليس كذلك؟

ملخص:

غالبية الناس ليسوا ساحرين عندما يتحدثون لأنهم لا يفهمون ما هو السحر. يمكن لأي شخص تطوير الكاريزما الخاصة به من خلال بعض المهارات المحددة.

يعد النسخ المتطابق طريقة رائعة لإظهار أنك متصل بالشخص الآخر وتفهمه. يمكن أن يساعدك الانعكاس، سواء لفظيًا أو غير لفظي أو عاطفيًا، على بناء علاقة مع الشخص الآخر.

يمكن أن تساعدك قاعدة ألبريشت المكونة من ثلاثة أشخاص في إجراء مناقشات أكثر توازناً، أي أن الاستماع هو المفتاح لإجراء محادثة متوازنة. يمكنك استخدام التصريحات (حقائق أو آراء أو أسئلة مذكورة كحقيقة)، أو أسئلة أو صفات ("المخففات") في خطابك. ومن الأفضل تجنب استخدام أكثر من ثلاث عبارات في جملة واحدة. بدلا من ذلك، اطرح سؤالا لتحقيق التوازن بين الأمور.

أيضًا على إتقان المحادثات القصيرة. إنها تعني "المرساة والكشف ARE يمكن أن تساعدك طريقة والتشجيع". الخطوة الأولى هي تحديد التجربة المشتركة بينك وبين الشخص الآخر. بعد ذلك، اكشف عن شيء ما عن حياتك المرتبطة بهذا المرساة. وأخيرا، شجعهم على تبادل تجاربهم.

هذا يرمز إلى الأسرة، FORM. عند اتخاذ قرار بشأن موضوعات المحادثات الصغيرة، استخدم الاختصار والمهنة (المهنة)، والترفيه (الهوايات، والاهتمامات)، والدافع.

تذكر قاعدة الدقيقة الواحدة لإشارة المرور لتجنب الاستجابات الطويلة والمطولة. يمكنك التحدث بحرية خلال أول 30 ثانية. الـ 30 ثانية القادمة ستكون عبارة عن أضواء برتقالية، لذا كن حذرًا من تراجع الانتباه. بعد دقيقة، من المحتمل أن تفقد اهتمام جمهورك. اختصر.

الفصل 2 ـ الاتصال تحت السطح.

التواصل الاجتماعي وتعليق الأنا

وسوف نعود إلى موضوع الاتصال مرارًا وتكرارًا في هذا الكتاب. الأمر كله يتعلق بكيفية رؤيتنا للغرض من المحادثة. نحن نتصرف بشكل مختلف عندما ننظر إلى المحادثة باعتبارها فرصة للتواصل واللعب والتقدير، بالإضافة إلى التبادل العاطفي الحقيقي.

روبن دريك، مدرب سلوكي وشخصي في مركز تدريب مكافحة التجسس التابع لمكتب التحقيقات الفيدرالي، يدرك أهمية تعليق الأنا أثناء المحادثات الفعالة. الأمر بسيط، لكن ليس من السهل أن تعلق غرورك. عليك أن تضع احتياجات ورغبات الآخرين قبل احتياجاتك.

يفهم عملاء مكتب التحقيقات الفيدرالي أنه ليس من وظيفتهم أن يكونوا على صواب عندما يحصلون على معلومات استخباراتية. إن مهمتهم دائمًا هي الحصول على المعلومات. نحن لسنا ضباط مكتب التحقيقات الفيدرالي، لكننا مازلنا نريد إجراء محادثات أفضل. يتطلب الأمر شجاعة للدخول مؤقتًا في رؤية شخص آخر للعالم لأننا جميعًا نريد أن نشعر بالسيطرة والصواب. ومن المفارقات أن تعليق الأنا يمكن أن يكون مفيدًا بالفعل.

هذه طريقة سريعة للحصول على مزيد من التحكم في المحادثة وإسماع صوتك.

يقول دريك: "في معظم الأحيان، عندما ينخرط شخصان في محادثة، ينتظر كل منهما بصبر حتى ينتهي الآخر من رواية قصته". ثم يروي الشخص الآخر قصته الخاصة. عادة ما يكون هذا حول موضوع مماثل، وفي كثير من الحالات، لمحاولة الحصول على قصة أفضل وأكثر إثارة للاهتمام. الأشخاص الذين يمارسون تعليق الأنا بشكل جيد سوف يشجعون الآخرين على رواية قصصهم، متجاهلين رغبتهم في رواية ما يعتقدون أنه قصة عظيمة.

متى كانت آخر مرة فعلت هذا؟ نحب جميعًا أن نصدق أننا منتبهون ومتعاطفون، لكن هل نفعل ذلك بالفعل؟

عندما تدرك أنك تدخل في "وضع التصريح"، لاحظ اللحظة التي تبدأ فيها بتحميل حكاية ما. ثم اختر أن تتركها عمدًا. انغمس لبعض الوقت في قصة شخص آخر. لا تحتاج إلى تبني القصة أو الموافقة عليها. عليك فقط الترفيه عنها. فقط استمع.

عندما يتم إجراء المحادثات بشكل صحيح، يجد الأشخاص أن المحادثات مع الآخرين ليست مثيرة للاهتمام فحسب، بل إنها ذات قيمة أيضًا ـ حتى عندما لا يتعلق الأمر بهم. قد تكون لديك رغبة "قهرية في الحصول على المعلومات" ـ الرغبة في رواية قصة ذات صلة ذات غامضة بما قيل للتو. حاول أن تفهم وجهة نظر الشخص الآخر بدلاً من إضافة وجهة نظرك الخاصة.

تخيل أنك مراسل يحصل على القصة الكاملة (أو عميل مكتب التحقيقات الفيدرالي!). تخيل أنك قد تتعلم شيئًا جديدًا من الشخص الذي تتحدث إليه، أو أن وجهة نظره حول موضوع ما أكثر دقة وإثارة للاهتمام من وجهة نظرك ـ ولكن فقط إذا قمت بتعليق غرورك للحظة.

لا يزال بإمكانك تعليق غرورك حتى لو كان الأمر مؤلمًا في البداية.

قل "نعم و" بدلاً من "نعم ولكن" (سننظر إلى هذه التقنية المفيدة لاحقًا في النص). إنها تغيير قواعد اللعبة. تجنب تصحيح التفاصيل الصغيرة، أو إضافة حقيقة غير مفيدة لإثبات أنك مطلع. إذا كنت لا توافق على ذلك، فاجعلها حقيقة إضافية، وليس حقيقة متناقضة: "نعم، أوافق على ذلك، لا ينبغي لنا أن نقلق بشأن الإفراط في الإنفاق". أعتقد أنه يمكننا بكل راحة زيادة الميزانية بنسبة 10% لتغطية أي عجز محتمل.

حتى لو كنت تريد إظهار التضامن، قاوم الرغبة في ربط قصتهم بقصتك. عندما يقول شخص ما "حسنًا، عائلتي في الأصل من ماليزيا"، لا تخبرهم عن عطلتك في ماليزيا. ادعوهم إلى التفصيل. يمكنك تشجيع غرور شخص ما بقول "رائع! لقد نشأت هناك عندما كنت طفلاً؟"

حاول التحقق من صحة دون حكم. ليس المهم أن توافق أو لا توافق. يمكنك ببساطة التعبير عن اهتمامك بالشخص الذي تتحدث إليه، وكيفية احترامك لوجهة نظره والاعتراف بها.

من المهم الاستماع بعناية وليس فقط بطريقة "حسنًا، لديك حقك، على ما أعتقد"! أعط المحادثة كل اهتمامك، وأجب بصدق، واستمع حقًا لما يقال. ما عليك سوى استيعاب ما يقوله شخص ما دون إصدار أحكام أو تفسير أو رد فعل. تخيل أنك في حضور الشخص الأكثر إثارة للاهتمام والأكثر أهمية في العالم. سوف يغير محادثاتك أكثر مما تتخيل.

فهم المستويات الثلاثة في العلاقة

ماذا ترى عندما تتخيل نفسك في محادثة وتشعر أنك ساحر تمامًا وأنك تتمتع بشخصية جذابة؟ قد تفكر في شخص واثق وجريء وخالي من العيوب... أو حتى متعجرف بعض الشيء. ربما لا تفكر في الضعف عندما تفكر في السحر والكاريزما.

هذا مناسب لك إذا كنت واحدًا من هؤلاء الأشخاص الذين يمكنهم إجراء محادثات صغيرة، وكنت ودودًا بما فيه الكفاية، ولكن يبدو أنك لا تتجاوز أبدًا التفاصيل الدقيقة إلى علاقات شخصية أعمق. يعتقد معظم الناس أن كونك بارعًا اجتماعيًا يتعلق بالحصانة. إنهم يعتقدون أنه يجب عليهم أن يكونوا هادئين وهادئين وواثقين. إنه العكس!

يرتبط الاتصال والضعف ارتباطًا وثيقًا. يمكنك التفكير في العلاقة كدرجة علمية. يمكنك التعرف على شخص ما على مراحل. أولاً، عليك أن تتعلم القليل عنها، ثم تزيد من علاقتك الحميمة. كيف يمكنك سد هذه الفجوة؟ يمكنك القيام بذلك عن طريق زيادة عدد اللحظات التي تكشف فيها عن نفسك تدريجيًا (أي مشاركة نقاط الضعف).

المرحلة 1: الكشف عن الضوء

يجب أن تكون ضعيفًا حتى تلهم الثقة وتجعل الناس يحبونك. لا تغوص في الأمر على الفور ـ ابدأ بالكشف الخفيف ثم واصل طريقك.

تخيل أنك صديق جديد نسبيًا وتريد مشاركة سر أو قصة محرجة من ماضيك. يمكنك الاعتراف بعيب بسيط أو خطأ غير ضار.

غير متوقع. لا يهم حقا ما هي القصة. من المهم معرفة القصد من وراء القصة: الشخص الآخر سوف يفهم الرسالة. هنا، أنا منفتح عليك، أنا أثق بك... هذه علامة عالمية على أنك ترغب في تعزيز اتصالك بلطف.

حاول أن تكون أكثر انفتاحًا مع أصدقائك ومعارفك الجدد. اختر شيئًا مرتبطًا وممتعًا.

كان لقبي هو "أوه، هل تعتقد أن هذا سيء؟" "أوه، هل تعتقد أن هذا سيء؟ ...Jaws"

الكشف المتوسط :Stag2

يمكنك الارتقاء بالأشياء إلى المستوى التالي إذا (وفقط عندما) يتم استقبالك بشكل جيد أو إذا استجاب شخص آخر من خلال الكشف عن تجاربه الخاصة. ويمكن القيام بذلك من خلال مشاركة الأفكار والآراء والمعتقدات القريبة من قلبك أو مشاركة التجارب الخاصة. يعتبر الإفصاح المتوسط أكثر خطورة، حيث أنك تظهر حقيقتك. قد يكون الكشف عن الضوء مرحًا ومسليًا. إذا قمت بذلك، فهذا يدل على أنك تثق بالشخص الآخر وترغب في التواصل معه على الرغم من إمكانية الحكم عليك.

"لقد كان إيماني دائمًا مهمًا جدًا في حياتي. ولا يدرك الكثير من الناس ذلك"

المرحلة 3: الإفصاح الثقيل

من القوي أن تفتح وتشارك مخاوفك ونقاط ضعفك وندوبك ونقاط ضعفك. سيساعدك هذا على بناء العلاقة والثقة والمشاعر الدافئة. إنها علامة على حسن النية والإيمان أن تتخلى عن حذرك في حضور شخص ما. وهذا غالبا ما يلهمهم أن يفعلوا الشيء نفسه. أنت تحتفظ بهذا المستوى فقط لأولئك الذين ترغب في الحصول على اتصال أكثر حميمية معهم، والذين استحقوه.

لأكون صادقًا تمامًا، بعد طلاقي شعرت أنني لا أريد الاستمرار. لقد استغرق الأمر مني وقتًا طويلاً للخروج من تلك الحفرة المظلمة".

إليك ما يجب أن تعرفه عن مستويات الإفصاح المختلفة. عليك أن تكون حذرا. ابدأ ببطء وقم بزيادة مستوى الإفصاح تدريجيًا. لا يمكنك أن تبدأ بالأشياء الكبيرة ثم تكثفها.

الإفصاح يجعل الناس مميزين. فهو يخلق رابطًا وصداقة بينك وبينهم، بالإضافة إلى نادي خاص. لا يجب أن تخبر الجميع بكل شيء!

الإفصاح مثل الملح: إذا كثرت أو قللت منه تفسد الطبق. لقد تم بناء الإنسان ليكون لديه اتصال عاطفي وتعاطف وصداقة. لا يعني بالضرورة أننا نعرف ما هو! قد تكون ضعيفًا ومكشوفًا إذا وجدت نفسك غير قادر على تجاوز مستوى "المعارف".

لا يمكن إجراء أي اتصال عميق دون وجود نقاط ضعف ومخاطر. يمكن للناس أن يؤذوك عندما يعرفون الحقيقة عنك، لكن هذا جزء من العلاقة الحميمة. انه يستحق ذلك. كيفية جعل الإفصاحات الخاصة بك تعمل بالنسبة لك

ألقِ نظرة على العلاقات والصداقات الحالية التي لديك وحدد مكانك. اختر عددًا قليلًا من الأشخاص الذين ترغب في التقرب منهم ثم اختر وقتًا لتكشف لهم عن شخصيتك الحقيقية.

شاهد رد فعلهم. تهانينا إذا استجابوا أو ردوا بالمثل بحرارة! تهانينا! لقد قمت للتو بتحسين علاقتك. لا داعي للذعر إذا لم يفعلوا ذلك. يمكنك دائما التراجع. لا تكشف مرة أخرى حتى يشيروا إلى رغبتهم في الذهاب. يمكنك المجازفة بفرصة محسوبة، لكن لا تقلق إذا أخطأت الهدف أو قابلت شخصًا باردًا بعض الشيء.

هناك بعض الأشياء التي يجب الانتباه إليها. تجنب إلقاء المواد المزعجة أو غير المناسبة على حجر صديقتك، خاصة إذا كنت لا تتوقع ذلك. لا يزال يتعين عليك استخدام الحكم الجيد والتقدير عند الكشف عن مشاكلك الأكثر خصوصية. وكلما كثرت عمليات الإفصاح، كلما زادت نقاط الضعف. يستخدم الكثير من الناس صدماتهم لكسب العملة الاجتماعية. في الواقع، فإن مشاركة معلومات محددة مع أفراد معينين لغرض معين سيؤدي إلى نتائج أفضل. نشر التفاصيل المروعة على وسائل التواصل الاجتماعي ثلاث مرات في الأسبوع لا يشكل ضعفاً!

إنشاء قصص الاتصال

بعد أن تتقن الحديث القصير (وهو أسهل مما تعتقد أن إتقانه! ماذا سيحدث بعد ذلك؟)

يمكنك كسر الجمود، ولكن لإبقاء الأشخاص مهتمين بك ولجعلهم يرغبون في التواجد حولك، فأنت بحاجة إلى إقامة علاقة حقيقية. يعد سرد "قصص التواصل" طريقة رائعة لتحقيق ذلك. هذه قصص بسيطة تُظهر للأشخاص من أنت بطريقة يمكنهم التواصل معها.

إن التنشئة الاجتماعية البشرية لا تتعلق فقط بدعم أعضاء المجموعة وضمان بقائهم على قيد الحياة، بل تتعلق أيضًا بتحديد الأشخاص أو الأعضاء في المجموعة. في أفضل الظروف، الغرباء غير معروفين. يجب أن يكون شخص ما على دراية بشخصيتك ودوافعك ومنظورك حتى لا يكون غريبًا. نريد أن نعرف هل هذا الشخص يشبهني؟ عندما يكون الجواب "نعم"، فيمكن تكوين العلاقة. هذه هي قصص التواصل: فهي تخبر الآخرين أنني مثلك بعدة طرق.

يُستخدم هذا التكتيك في مكان العمل وفي العلامات التجارية للشركات أو استراتيجيات الإعلان. تشكل القصص جزءًا كبيرًا من كيفية تواصلنا. لقد خلق البشر ليحكيوا القصص. عندما يبدأ شخص ما خطابه بقول "أتذكر عندما دخلت مكتب جيم لأول مرة..." أو "أود أن أخبرك باللحظة المحددة التي عرفت فيها أنني سأتزوج هذه المرأة"، فهو يقول ذلك أنت هذا وأنا مشابه لك في العديد من النواحي.

ستساعد لغة جسدك ومظهرك وكلامك وسلوكك وغير ذلك الكثير الأشخاص على إجراء تخمين واع أو غير واع حول كيفية تحركك. يمكن أن يساعدك سرد قصة التواصل في تغيير تصوراتهم عن هويتك بسرعة. هذه القصة تجسد قيمي ومبادئي".

يقول هوارد جاردنر، عالم النفس بجامعة هارفارد، إن "القصص حول الهوية" هي روايات تساعد الناس على التفكير والشعور بمن هم، وأصولهم، وإلى أين يذهبون.


"أقوى سلاح في ترسانة القائد الأدبية هو كلام الكاتب".

أثبت روبرت سيالديني، عالم النفس المؤثر الشهير، أننا نميل إلى أن نكون أكثر تحفيزًا للتصرف عندما نرى أشخاصًا يشبهوننا. في إحدى التجارب، كتب روبرت سيالديني رسائل بلغات مختلفة ووضعها بالقرب من صناديق البريد ليبدو أنها سقطت عن طريق الخطأ. عندما يتم إسقاط خطاب باللغة الإسبانية في منطقة بها أغلبية من المتحدثين باللغة الإسبانية، فمن المرجح أن يلتقط شخص ما الرسالة ويرسلها. من الواضح أن الناس أكثر لطفًا مع الآخرين الذين يشاركونهم خلفيتهم الثقافية. تحتاج إلى استخدام اللغة الصحيحة عند كتابة رسالتك المجازية إذا كنت تريد تعزيز هذا الشعور بالعلاقة عمدًا.

كيف تحكي قصة اتصال مثيرة للاهتمام؟ لنبدأ بقصة سيئة:

قم بإدراج حقائق عقلانية عن نفسك، والتي تبدو وكأنها سيرة ذاتية. (حتى في السياق المهني، من المهم إظهار جانبك الإنساني)

أنت تتجول. لن تتمكن أبدًا من نقل شخصيتك الكاملة في محادثة واحدة. الناس معقدون. ومع ذلك، في بعض الأحيان يكون الإيجاز هو أفضل سياسة. إذا فكرت في الأمر، فقد تتمكن من التوصل إلى قصة قصيرة جدًا يمكن أن تحل محل حكاية طويلة. ("أخبرتني والدتي أن كلماتي الأولى كانت ولا. وهذا يخبرك بكل ما تحتاجه إلى معني!")

أنت لست صادقا. لا أحد يحب أن يُباع على شيء ما أو يشعر بأنه يتم التلاعب به. تعمل قصة الاتصال بشكل أفضل عندما يتم عرضها بدلاً من سردها. إذا شعرت أنك أنشأت "إعلانًا ذاتيًا"، فسيفقد الناس الاهتمام.

ماذا تقول؟ فكر في قيمك الأساسية قبل أن تجد نفسك في موقف يتعين عليك فيه تقديم نفسك. ليس من الضروري أن يكون تمرينًا متعمقًا. ركز على الأشياء الأكثر أهمية بالنسبة لك. يمكن أن يكون هذا هو عائلتك أو إيمانك أو إنصافك أو عدالتك أو أي شيء آخر.

تخيل وقتًا في حياتك أدركت فيه مدى أهمية هذه القيمة بالنسبة لك. تخيل هذه اللحظة أو الإدراك وكيف شكلت نظرتك الحالية للعالم. تخيل أنك كنت في رحلة عمل عندما مرضت ابنتك فجأة. ثم، أثناء عودتك إلى المنزل، أدركت أنها يمكن أن تموت خلال يومين. لقد أدركت أنك لن تتمكن أبدًا من استبدال ابنتك، بغض النظر عن مقدار المال الذي تملكه. عندما عدت إلى المنزل، قمت بإعادة التفكير في أسلوب حياتك بالكامل، والآن تعمل وفقًا لشروطك.

يمكنك أن تنقل الكثير إلى جمهورك في بضعة أسطر فقط: أنت شخص مجتهد، لديك طفل، أنت تقدر الأسرة، أنت عامل تغيير قادر، لا تخشى المخاطرة، أنت أنت منفتح على تجربة شيء جديد، ولست ماديًا وتفكر في مبادئك بعناية، ولديك الشجاعة الكافية لسرد قصة معرضة للخطر.

تقول أنيت سيمونز، مؤلفة كتاب "من يروي أفضل قصة يفوز"، "لن يستمع إليك الناس إلا إذا عرفوا من أنت وما أنت". اخبرهم. للتأكد من أنك تحكي قصة من شأنها بناء علاقة مع جمهورك، يجب أن تكون قصة مدروسة وحقيقية حول شيء ذي معنى.

لا تخجل من تقديم نفسك، سواء كنت تقابل أشخاصًا جددًا أو زملاء جدد في العمل أو صديقًا قابلته للتو. لا تقلق إذا بدت مغرورًا أو غير مناسب. إنه يبعث على الارتياح تقريبًا أن نسمع الناس يشاركون معتقداتهم الحقيقية.


إنه يلهم الاحترام والثقة لدى الجميع. ويشجع الآخرين على القيام بذلك. هكذا تنمو الاتصالات!

كن جذابًا وقم بتعليق الملصق

يعد وضع العلامات في المحادثة طريقة جيدة لإظهار أنك منتبه، وتذكر ما قيل، وإيصال الرسالة. وضع العلامات يشبه النسخ المتطابق. نحن نعكس بشكل أساسي بعض جوانب تجربة شخص آخر، ونخلق مشاعر مثل التعاطف والتفاهم. كمثال:

"... أنا مصدوم تمامًا من هذا الوضع برمته"

هذه حالة بسيطة من الانعكاس. لقد استخدمت بالضبط نفس الكلمة التي استخدموها. ألق نظرة على كيفية وضع العلامات:

"يبدو أنه فاجأك تمامًا" "...أنا مندهش تمامًا من الموقف برمته."

من المرجح أن تقوم بتصنيف تجربة شخص آخر. قد تسمعهم يقولون إنهم مصدومون، لكن يمكنك أيضًا استنتاج استنتاجاتك الخاصة وتقديم تقييمك. وهذا يساعدهم تقريبًا في العثور على الكلمات للتعبير عن أنفسهم بشكل أفضل. يمكنك تعزيز مشاعر التفاهم بينكما من خلال جعل الشخص الآخر يقول "بالضبط!" كرد

يتواصل الناس ليتم فهمهم. هناك مستويات مختلفة من الفهم. يمكنك إنشاء اتصال بسرعة عندما تكون قادرًا على قراءة مشاعر الشخص الآخر وإظهار أنك تفهم كلماته.

"... أنا مصدوم تمامًا من هذا الأمر برمته"

يبدو أنك كنت تأمل أن تسير الأمور بشكل مختلف.

إذا كان التخمين صحيحًا، فسيشعر الشخص الذي يتم التحقق من صحته بأنه مفهوم أكثر. من السهل تخمين أن الأمور لا تسير دائمًا كما هو مخطط لها عندما يتعلق الأمر بوضع العلامات.

عندما تفشل، فعادةً ما يكون ذلك لأننا افترضنا بدلاً من وصف ما يشعر به الشخص الآخر بدقة.

"... أنا مصدوم تمامًا من هذا الأمر برمته"

يبدو أنك محبط من نفسك لأن هذا حدث.

اه ماذا؟ يمكنك خلق مشاعر عدم الثقة أو العزلة إذا قمت بتصنيف مشاعر شخص ما بشكل غير صحيح. أنت لا تحاول التشخيص أو التفسير أو الحكم. مجرد إعادة صياغة. أفضل التسميات هي في الواقع أساسية جدًا.

ابحث عن مرادف واضح لما قاله الشخص للتو.

"يا رجل، أنا متعب"

"آه، يبدو أنك تشعر بالإرهاق الشديد".

منطقيًا، المعلومات التي تقدمها ليست جديدة، لكنك ستجعل الشخص الآخر يشعر كما لو كنت قد استوعبت كلماته وعالجتها وفهمتها ثم نقلتها إليه. هذا هو قدر كبير من القيمة

يحاول:

يبدو كما لو...يبدو أنك...

ستتمكن على الفور من معرفة أنك تفسر ما سمعته، بدلاً من مجرد عكسه. لا تستخدم عبارات مثل "أتساءل عما إذا كان..." أو "أنا أصدقك..." أو "من وجهة نظري..."

يمكن استخدام التصنيف لنزع فتيل الصراع وإضفاء الوضوح والحل على محادثة محرجة. تخيل أنك تتحدث إلى عميل غاضب لديه قائمة بالأسباب التي تجعله منزعجًا من شركتك. يمكنك أن تقول: "يبدو أنك غير سعيد حقًا بهذا الأمر". ربما لم يستخدم العميل كلمة "غير سعيد"، لكنه سيشعر بالتحقق من صحته من خلال ملخصك الدقيق.

إذا كنت ترغب في تحسين مهارات الاتصال لديك، فمن الجيد التركيز على المشاعر الإيجابية وعدم تصنيف المشاعر السلبية أو غير المفيدة. هذا مثال جيد


يمكنك تشجيع العميل على تجاوز الشكوى إلى التعويضات من خلال التركيز على الحلول الممكنة. يرجع هذا إلى حد كبير إلى الحدس، لكن الأمر يتطلب الاستماع النشط والوعي لفهم ما هو موجود تحت المحادثة. ماذا يشكو هذا الشخص؟ يريدون حل المشكلة.

تُستخدم التسميات للمساعدة في التوضيح والإشارة إلى التعاطف وبناء العلاقة وتأسيس الثقة وإظهار التفاهم. هذه طريقة ذكية لاستخدام الملصقات في الإعدادات المهنية، مثل العمل. ستحاول فهم المشاعر الكامنة وراء البيانات التي يتم تقديمها لك. يمكن أن تساعدك على تجنب الكثير من سوء الفهم وتبسيط العملية، حيث يتم تلبية احتياجات الجميع. )

يمكنك استخدام هذه التقنية عندما يتحدث شخص ما عن موعد نهائي أو ما يجب إكماله. ثم يمكنك الرد بـ "يبدو أنك قلق من أننا لن ننتهي في الوقت المناسب". ستبني علاقة أقوى بكثير مما لو كان كل ما فعلته هو التركيز على التفاصيل وتجاهل القلق.

تحذير أخير: لا أحد يحب المحلل النفسي الهاوي. انت تعلم من هم!

"أنا أخشى حدث عيد الميلاد العائلي الكبير الذي سأنتظره في نهاية هذا الأسبوع!"

قد يكون من الصعب التمييز بين إظهار التعاطف والتسرع في إصدار الأحكام.

تشخيص" أو "تشخيص" تجربة الشخص. التسميات التي تصف مشاعر الشخص (مثل "متعب" أو "قلق")
أفضل من النظرية المعقدة. هذا يمكن أن يجعل التجربة تبدو غير صالحة.


لا تكن مملا


هذا ليس علم الصواريخ. لا تكن مملاً إذا كنت تريد إجراء محادثات أفضل وإثارة إعجاب الناس.

يمكننا القيام بذلك عن طريق فحص خصائص وسلوكيات أولئك الذين نجدهم مملين ونقوم بالعكس. على الرغم
من أنك قد لا ترغب في أن يُنظر إليك على أنك ممل، إلا أنه من الممكن لنا جميعًا أن نواجه هذا الأمر من
وقت لآخر لأننا ببساطة لا ندرك أنفسنا. من الممكن تحسين جاذبيتك ببساطة عن طريق عدم الانخراط في
"سلوك ممل. لا يتطلب هذا سوى القليل من التفكير والرغبة في "التعديل الذاتي".

تخيل شخصًا تجده مملاً. ما هي شخصيتهم؟ ما هي مثل؟ قد يثير اهتمامك معرفة أن Wijnand A. P. van
وجد أن ،Personality & Social Psychology Bulletin الذي قاد الدراسة ونشرها في مجلة Tilburg،
الصور النمطية حول ما هو ممل يمكن التنبؤ بها. يميل الناس إلى تجنب أو كره أولئك الذين لديهم هذه
السمات.

ليس من المستغرب أن يحدد الباحثون هذه السمات: الأشخاص الذين ليس لديهم حس الفكاهة، والأشخاص
الذين لديهم هوايات مملة، مثل جمع الأشياء، أو الذين لا يستطيعون التعبير عن آرائهم، يعتبرون مملين. في
التجارب، حيث طُلب من الأشخاص قراءة قصص عن شخصيات خيالية، تم الحكم على أولئك الذين لديهم
الكثير من هذه الخصائص المملة بأنهم أقل دفئًا وأقل قدرة. أوه!

لم يتم إخبار القارئ أبدًا أن الشخص الموجود في القصة كان مملاً. لقد استنتجوا هذا ببساطة من السمات. قال
معظم الناس أنهم يفضلون قضاء الوقت مع شخص لا يمتلك سمات مملة ويتجنبون أولئك الذين يمتلكونها. قام
الباحثون بقياس النتائج من خلال سؤال الناس عن المبلغ الذي سيدفعونه لقضاء بعض الوقت مع شخصيات
خيالية. كلما زاد الرقم، كلما كانت الشخصية أكثر مملة!

من المهم أن نلاحظ أن الدراسة كانت حول الإدراك الحسي. جمع الأشياء ليس أكثر أو أقل مللاً من القفز
بالمظلات. ما كشفه البحث هو مواقف الناس تجاه مجموعة من السمات. من المهم أن تقرر ما إذا كانت بعض
السلوكيات والصفات مكروهة عالميًا من قبل الناس.

لقد وجد الباحثون أن تصورات الناس لما هو ممل قد تختلف بناءً على ثقافتهم وتفضيلاتهم الشخصية. يجد بعض الناس القراءة أو البستنة أو الهوايات الأخرى مملة. ومع ذلك، يعتقد آخرون أن مشاهدة التلفزيون، أو الاهتمام بالرياضة، أمر ممل. يقودنا هذا إلى نقطة مهمة: هناك دائمًا بعض الحيلة عندما يتعلق الأمر بالتفاعل الاجتماعي. لا أحد ممل. كل شخص فريد ورائع. لديهم جميعا قصة. قد نصور أنفسنا بطريقة تقلل من اهتمامنا أو نفشل في مراعاة ما يجده الآخرون جذابًا ومثيرًا للاهتمام. ليس علينا أن نتظاهر بذلك، لكن عرضنا مهم.

الصور النمطية الاجتماعية عن "الأشخاص المملين" هي في الواقع مجموعة من التجاوزات الأصغر. الشخص الممل هو الشخص الذي لا ينتبه للآخرين أو يبذل أي جهد. كما أنهم لا يتعاملون مع المحادثة باعتبارها نشاطًا جذابًا وحيويًا. حدد الباحثون بعض السمات التالية:

سلبي

ضيق الأفق

عادي

مدمن عمل

جاد

متقلب المزاج

محجوز

قلق

سلبي

غير نشط

بلا عاطفة

متمحور حول الذات

متكبر

غير مبدع

هل لاحظت أي شيء؟ يبدو أن الأمر يتعلق بالمتعة. الأشخاص المملون هم أولئك الذين لا يكون من المثير للاهتمام أن يكونوا معهم. عكس كل هذه الصفات.

إيجابي

منفتح

غير عادي

لعوب

لا تأخذ الحياة على محمل الجد

مرح

يفتح

متوتر

نشيط

مرتبط

عاطفي

أنا مهتم بالآخرين

متواضع

مبدع

تتناسب هذه الخصائص تمامًا مع نموذج المحادثة الذي نتبعه، وهو اللعب وليس العمل. لماذا قد يرغب أي شخص في إجراء محادثة مملة أو عمل روتيني مع شخص ما؟ نحن نقول "هذا ليس ممتعًا" عندما نصف شخصًا أو شيئًا ما بأنه ممل. أفضل المحادثات هي حيوية وديناميكية وممتعة. أفضل المحادثات هي الحيوية والنشاط والرواية. إنهم يجعلون الناس يشعرون بالرضا. فهي يمكن التنبؤ بها وبطيئة ومملة. إنهم مملون. تذكر أنه في المرة القادمة التي تصر فيها على أن تكون على حق أو تثبت وجهة نظرك، فأنت في معسكر ممل.

استمتع. الاستمتاع بنفسك أمر يجذب الآخرين. اسمح لنفسك بمشاركة شغفك وحماسك والاستمتاع بالمحادثة. اضحك على نفسك.

إذا كنت شغوفًا حقًا بالألغاز والنوم، فقد تحتاج إلى "التعديل الذاتي" قليلًا. ليس الأمر أنك ممل؛ كل ما في الأمر أنك يجب أن تكون على دراية بالصور النمطية. قد تضطر إلى "التعديل الذاتي"، إذا كنت شغوفًا حقًا بالنوم والألغاز. ليس لأنك ممل. فقط كن على دراية بالصور النمطية. يمكنك لعب أجزاء من شخصيتك التي تعتقد أنها أكثر إثارة للاهتمام.

ملخص:

سحر المحادثة يدور حول التواصل مع الناس بطريقة حقيقية. أولاً، تخلص من غرورك عن طريق التخلص من الأحكام وتجاهل ما إذا كنت توافق أم لا. استمع بعناية وكن منتبهًا وقاوم إغراء إقامة روابط بين ما يقولونه وأفكارك الخاصة.

أثناء تقدمك خلال المراحل الثلاث للعلاقة، تأكد من أن تكون متسقًا وبطيئًا. قد يكون الكشف الخفيف محرجًا. يكشف الكشف المتوسط عن معتقداتك ومشاعرك الأعمق. يتعامل الكشف المكثف مع نقاط الضعف الأكثر خطورة لديك. لا تكن كتاباً مغلقاً، بل اختر من تشاركه أسرارك.

شارك الحكايات لتظهر للناس من أنت. بدلًا من الحقائق الجافة، استخدم القصص التي تعكس قيمك حقًا.

من خلال وصف تجربة أو عاطفة شخص آخر، يمكنك أن تبدو أكثر جاذبية. أعد الصياغة باستخدام "يبدو" أو "يبدو" لإظهار تعاطفك.

لا تكن مملا. السمات المملة هي تلك التي تقلل من أهمية المتعة. كن مرحًا ودافئًا ومنفتحًا في محادثاتك. ننسى أن تكون على حق أو ذكية.

.النغمة والتسليم مهمان

لا شك أن الجميع يفهم قوة لغة الجسد ودورها، لكن القليل جدًا يعتبرون أصواتنا جزءًا من أجسادنا. صوتك هو أكثر من مجرد فكرة مجردة ـ فهو مزيج من الأصوات التي تنتجها أعضاء مختلفة في جسمك للتأثير على الهواء من حولك ـ مما يجعل صوتك حقًا هو أصدق أشكال "لغة الجسد"!

الكلمات مهمة، ولكن الطريقة التي تقولها بها قد تكون أكثر أهمية. تكشف نبرة صوتك معلومات عن نفسك ـ مثل شخصيتك وحالتك الذهنية ونواياك بالإضافة إلى عوامل مثل الجنسية والجنس والعمر أو الحالة الصحية. قد يؤدي التغيير في اللهجة إلى تهدئة شخص ما أو تخويفه أو إزعاجه تمامًا؛ إقامة علاقة على الفور أو وضع الأشخاص على الفور في حالة من التوتر.

تذكر حقيقة أن النغمة هي إشارة عاطفية يجب أن تساعدك على إدراك تأثيرها. بدلاً من النظر إلى النغمة باعتبارها مجرد عنصر آخر من عناصر التواصل اللفظي، ضع في اعتبارك أن الناس يتخذون القرارات ليس على الرغم من العواطف ولكن بسببها.

توصل عالم الأعصاب أنطونيو داماسيو إلى هذا الاكتشاف من خلال إحدى تجاربه عندما أدرك أن الأفراد الذين يعانون من تلف في مناطق معالجة العواطف لديهم توقفوا عن القدرة على اتخاذ القرارات بشكل منطقي أو حاسم. لا يزال بإمكانهم قول كل الكلمات الصحيحة ولكنهم لا يستطيعون اتخاذ أي إجراء بأنفسهم. فكريًا، يمكنهم فهم كل شيء؛ ومع ذلك، من دون الشعور بالارتباط أو الاستثمار العاطفي، لم يتمكنوا من التوصل إلى أي قرارات أو آراء ملموسة خاصة بهم.

إذن ما هي نبرة الصوت المناسبة عند التواصل مع الآخرين؟ لسوء الحظ، هذا يعتمد. قم بتخصيص نبرة صوتك وفقًا للموقف ونواياك ومن تتواصل معه ـ ضع هذه العناصر في الاعتبار:

طبقة الصوت تشير طبقة الصوت إلى مدى ارتفاع أو انخفاض درجة صوتك. في حين أن الأصوات المرتفعة تميل إلى الارتباط بالأنوثة والأصوات المنخفضة بالذكورة، إلا أنه في كثير من الأحيان تُنصح النساء المحترفات بخفض أصواتهن لتظهر أكثر جدية. لكن هذا لا يجب أن يكون هو الحال! بدلًا من ذلك، اعمل على تنويع نبرة صوتك لتجنب التحدث بجمل رتيبة؛ إحدى الحيل لهذا يمكن أن تكون رفعه قليلاً عند التحدث وذلك برفعها في كل مرة بعد كل جملة (وهذا ،"Valley talk" مباشرة أو طرح سؤال؛ وبالمثل، تجنب عبارة يجعلك تبدو غير متأكد أو غبي!).

الحجم هو مدى الهدوء أو الصوت العالي الذي تتحدث به؛ اضبط وفقًا لذلك بناءً على السياق الخاص بك. قد ينقل الصوت الناعم الهدوء ولكن أيضًا تدني احترام الذات أو السرية إذا تم استخدامه للخصوصية؛ إسقاطه فجأة عند نقل تفاصيل حميمة لتقريب الأشخاص الآخرين. يشير ارتفاع الصوت إلى الفرح والثقة، ولكنه قد يشير أيضًا إلى العدوان أو الغطرسة أو الجنون. من الناحية المثالية، قم بمطابقة مستوى صوتك مع صوت

الآخرين من حولك ـ فرفعه قليلاً يمكن أن يجذب الانتباه بينما خفضه قليلاً قد يشير إلى محادثات أكثر جدية أو حميمة أو خفية.

خطوة

مدى السرعة والسلاسة التي تتحدث بها. يُظهر الكلام المتدفق عادةً الثقة والذكاء؛ وعلى العكس من ذلك، فإن الجمل المنطوقة السريعة أو المنطوقة قد تشير إلى القلق. على العكس من ذلك، قد يبدو الكلام البطيء مملًا أو متعبًا (أو قديمًا؟) مما يجعل الآخرين غير صبورين أو رافضين لك ـ على الرغم من أن الكلام البطيء قد يشير إلى السلطة بحضورها القوي وكلماتها ذات الثقل وسلوكها القوي

يشير المركز الوطني للصوت والكلام إلى أن المواطن الأمريكي العادي يتحدث حوالي 150 كلمة في الدقيقة بمعدل مريح ـ لذا استخدم ساعة توقيت وأخضع نفسك لهذا التمرين لقياس نفسك!

التعبير

هل يتم نطق كلماتك بوضوح وهل يتم نطقها بشكل صحيح بحيث يكون فمك وشفتيك ولسانك معًا واحدًا؟ يبدو هذا بسيطًا بما فيه الكفاية ولكن غالبًا ما يتم التغاضي عنه ـ عندما لا يتمكن الأشخاص من سماع ما تقوله بشكل كامل، فإن ذلك يخلق حاجزًا بينك وبينهم ويجعل فهم كلماتك أكثر صعوبة؛ وهذا يقوض العلاقات ويمكن أن يسبب تفسيرات خاطئة لما تعنيه! وهذا يعيق العلاقة وقد يؤدي إلى سوء التواصل بين الأطراف المعنية.

ومع ذلك، هناك المزيد: يمكن أن يرتبط ضعف النطق بالكسل، ونقص التعليم، وانخفاض الذكاء، والملل والتعب ـ أو ببساطة إعطاء الانطباع بأنك لا تهتم حقًا! ما عليك سوى مقارنة لهجة أرستقراطية إنجليزية مميزة من "الزجاج المقطوع" من القرن التاسع عشر مقابل شخص مخمور يتلفظ بكلماته قبل أن ينهار في النوم! قد تكون هذه مجرد مبالغات. ومع ذلك فإن آثارها عميقة

فكر في كيفية استخدام الشتائم والكلمات الحشوية ("مممم، مثل، أنت تعلم...") والعامية في حديثك. ليس هناك صواب أو خطأ هنا؛ بل يتعلق الأمر بما هو مناسب وما إذا كان خطابك يساعدك على الوصول إلى الطريقة المقصودة. بشكل عام، مطابقة الكلام مع الآخرين تخلق علاقة بينما التركيز على الاختلافات يمكن أن يسبب مسافة نفسية ـ على الرغم من أن تسليط الضوء على هذه الاختلافات في بعض الأحيان قد يضيف قيمة! باختصار، إن إدراك جميع الألوان اللونية الخاصة بك يسمح بإتقان الذات بحيث يتم استخدام الأساليب المناسبة في اللحظات المناسبة!

إحدى نصائح التحسين هي الممارسة: اطبع مقالًا أو خطابًا مشهورًا وقم بتسجيله أو تصويره وأنت تتحدث عنه، مع ملاحظة سرعتك ومستوى صوتك وتعبيرك وطبقة صوتك أثناء مشاهدته مرة أخرى. ما الذي يمكن تحسينه؟ خذ نفسًا عميقًا، وتمدد، و"ادخل إلى المنطقة"، واقرأها مرة أخرى أثناء تغيير وتيرة الصوت/مستوى الصوت وما إلى ذلك. قد تفكر أيضًا في دراسة المتحدثين أمام الجمهور الذين تعجبهم لمقارنة إلقائهم بإلقاء خطابك ـ تذكر أن هذا لا يأتي بشكل طبيعي بالنسبة لمعظم الناس ـ تمامًا مثل كيفية تدريب أصواتهم على آلة موسيقية... يمكنك أيضًا ذلك!

صوتك هو أنت؛ إنه يمثل من أنت للعالم. إذا وجدت أن الأمر غالبًا ما يكون هادئًا للغاية بحيث لا يريحك، ففكر فيما إذا كان بناء مستويات ثقتك بنفسك قد يساعدك واستكشف القناعات الأكثر أهمية بالنسبة لك. إذا كان

يميل إلى الاندفاع بصعوبة التنفس أثناء التفاعلات الاجتماعية، فافحص مستويات القلق عن كثب بالإضافة إلى ممارسة بعض تمارين التنفس المهدئة قبل أي تفاعلات اجتماعية. عندما يطلب منك الأشخاص تكرار ما تقوله بشكل متكرر أو يسيئون فهمك أو يسيئون فهمك في التفاعلات الاجتماعية ـ لأي سبب كان ـ فكر بعمق ليس في صوتك فحسب، بل في عرضك التقديمي بأكمله بالإضافة إلى من هم حقًا. من هم الذين لا يرون حقيقتك؟ وإذا لم يكن الأمر كذلك، فما الذي يقف في طريقهم؟

كيفية الاستفادة من الحلقات المفتوحة (OLs)

"الحلقة المفتوحة" هي عبارة عن سطر محادثة تتركه مفتوحًا عمدًا حتى تتمكن من العودة إليه لاحقًا إذا رغبت في ذلك. الأسئلة المغلقة والمفتوحة ("هل تحب السوشي؟" مقابل "أخبرني عن الشيء الأكثر جنونًا الذي أكلته على الإطلاق") تقدم أمثلة على هذا التنسيق؛ الحلقات المفتوحة تمثل نهايتها القصوى.

في الرابعة صباحًا ذات صباح التقينا بجولي. يجب أن تقابل جولي يومًا ما ـ ستتوافقان معًا بشكل جيد! عندما رأيناها للمرة الأولى كانت ترتدي هذا الزي الفاحش ولم نتمكن من مقاومة بدء المحادثة..."

بدأت هذه القصة عن جولي وزيها الغريب بالحديث عن وجودها في مطعم غير مألوف في ساعة غير مناسبة. من خلال تغيير المواضيع بسرعة كبيرة، فإن هذه الإستراتيجية لا تشرك مستمعك بشكل كامل فحسب، بل يمكن أن تكون بمثابة مرتكز إذا تضاءلت المحادثة؛ فقط عد إليها عندما تجف الأمور مرة أخرى كنقطة حفظ لمحادثة سهلة!

يستخدم الكوميديون الحلقات المفتوحة عن قصد من أجل بناء الترقب للسطور اللاحقة، وإنشاء اتصال شبه سحري مع جماهيرهم وبناء تاريخ مشترك وعلاقة معهم. يمكن ببساطة بدء حلقة مفتوحة عندما تبدأ في سرد قصة آسرة ولكنك لا تصل إلى حد اختتامها؛ انتقل بسرعة إلى موضوع آخر؛ إن العودة مرة أخرى إلى حلقة مفتوحة لاحقًا يشبه إضافة نكتة غير متوقعة وغير فكاهية إلى تصرفاتهم!

يميل المتحدثون الموهوبون بطبيعتهم (أو الأشخاص الذين يتمتعون بكيمياء رائعة) إلى إنشاء العديد من الحلقات المفتوحة دون حتى المحاولة. يحدث هذا لأنهم يصبحون منغمسين جدًا في ما يتكشف لدرجة أنهم يركضون معه بشكل هزلي ويتخلون عن أي سطر حالي، ثم يستعيدونه لاحقًا بنفس الإثارة لاحقًا. هل سبق لك أن شعرت بهذا الشعور عند التحدث مع شخص يبدو أنك مقدر لك التحدث معه لعدة أيام متتالية؟ من المحتمل أن يكون هذا الشعور ناتجًا عن الحلقات المفتوحة!

احتفظ ببعضها عندما يطرح عليك الأشخاص أسئلة؛ السماح لفضولهم بتشكيل الحوار. في بعض الأحيان لا تحتاج القصص إلى أن تنتهي مرة واحدة! لا تشعر بالضغط لإتمامها جميعًا مرة واحدة. احتفظ ببعضها حتى يطرح عليك الأشخاص المزيد من الأسئلة ـ والسماح لفضولهم بقيادة المناقشة يمكن أن يؤدي إلى لحظات مذهلة.

بأنها مزاح فضفاض ومفتوح النهاية لا يبدو أنه ينتهي أبدًا؛ والغرض ببساطة هو "craic" تُعرِّف أيرلندا كلمة الاستمرار في الحديث وتجنب الإدلاء بأي تصريحات نهائية في كلتا الحالتين!

فكر في الحوار التالي، وحاول تحديد أي حلقات مفتوحة ـ فهي تعمل تقريبًا مثل الخطافات التي يمكنك العودة إليها وبدء محادثة أخرى تمامًا.

ج: "إذن ماذا تدرس؟"

ب: "أوه، يا لها من شهادة في تكنولوجيا المعلومات." ج: "يا للروعة! هل أنت جديد في مجال تكنولوجيا المعلومات أو هل كان لديك دائمًا اهتمام بهذا النوع من الأشياء؟"

ب...: "في الواقع لا! في البداية كنت متخصصًا في الاقتصاد، لكن تركيزي تحول بسرعة"

ج: "على العكس من ذلك، كان والدي يدرس الاقتصاد في الجامعة ـ ولكي نكون صادقين، يمكن أن يكون غريب الأطوار تمامًا! ربما يجب على المرء أن يكون غريب الأطوار تمامًا حتى يتفوق في الاقتصاد!

[ب: [عندما تبدأ محادثة "أ" في التلاشي، ويواجه "أ" صعوبة في المتابعة] هناك حلقة مفرغة هنا

ج: بالنسبة لتكنولوجيا المعلومات، ليس لدي الكثير من الخبرة... ما هو نوع الأشخاص الذين يشكلون طلاب تكنولوجيا المعلومات اليوم؟

هذه حلقة بسيطة نسبيًا، حيث تتم مناقشة درجة تكنولوجيا المعلومات ولكن يتم تركها معلقة دون حل. ومع ذلك، سيتم طرح هذه المشكلة لاحقًا للمناقشة مرة أخرى ونأمل أن يتم حلها بشكل مرض. من تعتبره المتحدث الأفضل هنا ـ أ أم ب؟ إذا كانت الأخيرة هي التي برزت على أنها أكثر نجاحًا، فقد يكون ذلك لأنها استخدمت حلقة عندما تعثر حوار هما بينما لم يكن لدى "أ" مكان للعودة عندما تعثرت الأمور.

يمكن أن تصبح الحلقات المفتوحة أكبر بكثير بمرور الوقت؛ في الواقع، ما يسمى بـ "نكات معاودة الاتصال" B وA والنكات الطويلة الأمد غالبًا ما تبدأ كحلقات مفتوحة. على سبيل المثال، فكر في هذا المثال حيث يلتقي ببعضهما البعض مرة أخرى بعد أسبوع واحد، وما يحدث:

ج: "مرحبًا! سعيد جدًا بلقائك مرة أخرى!"

ب: "نعم، إنهم بخير ـ على الرغم من ذلك، هل" ج: "الفصول الدراسية تسير على ما يرام؟" ب: "مهلا!" تتذكر كيف كان والدك المجنون أستاذًا للاقتصاد؟ حسنًا، خمن ماذا؟! محاضرنا الجديد يشبه تمامًا والدك المجنون الذي وصفه به من قبل ولم يتحول إلى التدريس شركات الخيال العلمي حتى الآن؟!"

الحلقة عن طريق معاودة الاتصال بمناقشة سابقة. قد تكون الحلقات قصيرة أو طويلة ويمكن أن يغلق B تتراوح المسافة التي تفصلها عن العودة في أي مكان بين المحادثات؛ كل ما يتطلبه إنشاء حلقات مقنعة هو الوعي الشديد والذاكرة الممتازة. من خلال العودة للوراء، تقول "ب" لـ "ب" إنها تهتم بهذا الموضوع، الأمر الذي يخلق على الفور الثقة والاحترام والعلاقة فيما بينها.

كن حذرًا من الحلقات المفتوحة؛ ما عليك سوى الحفاظ على سلاسة المحادثة وتفاعلها باستخدام الحلقات المفتوحة بشكل مقتصد ومنتظم. ستؤدي مجموعة من الحلقات المفتوحة إلى إنشاء محادثة جذابة؛ استخدمها بحرية بحيث يكون لديك الكثير من المواد المتاحة في حالة ظهور أي مشكلات غير متوقعة لاحقًا في محادثتك. ضعه بمخيلتك:

ارجع إلى الحلقة فقط عندما تبدو محادثتك راكدة؛ وإلا فقد يخطئ الناس في الحكم عليك على أنك مصاب باضطراب فرط الحركة ونقص الانتباه أثناء المحادثة ويشعرون بالتعب منك!

لا تجبر على العودة إذا لم تأت بشكل طبيعي وإلا ستظهر أنك مسيطر على المحادثة.

يجب أن يجذب عملك غير المكتمل مستمعيك ويجذبهم، وليس مضايقتهم أو إحباطهم. يمكن أن تكون "شماعة الهاوية" أداة محادثة ممتازة ـ فقط لا تبالغ في استخدامها لإضافة الفكاهة!

متحدثا المجازي...

اقرأ خطاب الدكتور كينغ الأسطوري الآن بعنوان "لدي حلم": "إن زيارتنا لعاصمة بلادنا تمثل لنا صرف شيك. وعندما قام مهندسو جمهوريتنا بصياغة الدستور وإعلان الاستقلال، وقعوا على سند إذني يسلم به الجميع سوف يرث الأميركيون. وبدلاً من احترام هذا الالتزام المقدس، أعطت أميركا الشعب الزنجي شيكات بدون رصيد مكتوب عليها "أموال غير كافية". ونحن نرفض أن نصدق أنه لم يعد هناك أي أموال متبقية في خزائن الفرص العظيمة، ولهذا السبب جئنا إلى هنا لصرف هذا الشيك".

أعطونا عند الطلب ثروات الحرية وأمن العدالة". يبدو مقنعا أليس كذلك؟ كان بإمكانه أن يوضح المزيد عن" وعدهم.
لقد أدرك الحاجة إلى رسم صورة دقيقة لجمهوره عندما يقرأون مقالته. هل يمكنك تصور هذا الشيك السيئ أثناء قراءتك؟

هناك تجربة معروفة للغاية تسمى مفارقة بيكر بيكر. تم عرض صورة لرجل على المشاركين في هذه التجربة، وقيل لمجموعة واحدة أن لقبه هو بيكر بينما اعتقدت مجموعة أخرى أنه خباز محترف. وفي وقت لاحق، طُلب من كلا المجموعتين أن يتذكروا أي أمثلة لكلمة "خباز". عندما تم سؤالهم لاحقًا عن ذلك، أولئك الذين قيل لهم إنها مهنته تذكروها بسهولة أكبر من أولئك الذين اعتقدوا أنها تشير ببساطة إلى لقبهم؛ لماذا ؟

لأن عقلنا يخلق ارتباطات وذكريات مرتبطة بمهنة الخبز، في حين أن هذا الاسم لا يعني شيئًا بمعزل عن غيره (ما لم نتشارك واحدًا بالطبع!). لذا فإن المهنة لها روابط عقلية أكثر مما يعني أهمية أكبر بالنسبة لنا؛ ولذلك فإننا نتعامل معها بسهولة أكبر.

يواجه الدكتور كينج أيضًا نفس المصير عندما يرتد شيكه.

تم تصميم العقول البشرية للتفكير في السرد والرمز والروابط والجمعيات؛ وبالتالي فإن إنشاء الاستعارات يمنح مستمعك شيئًا أكثر جاذبية وجاذبية للتفاعل معه
يجب أن يكون هدفك هو إنشاء صور تأسر خيالهم وتجذب اهتمامهم وتجعلك أكثر جاذبية في المقابل. كلما كانت صورك أكثر حيوية، زادت جاذبيتها وستبدو أكثر جاذبية كشخص.

الأشخاص مثل الدكتور كينج ليسوا مجرد أصحاب رؤى؛ لديهم أيضًا القدرة على نقل رؤاهم الشخصية إلى شيء يمكن للآخرين فهمه والشعور به بسهولة. وهذا يجعل عملهم ملهمًا ومحفزًا على حد سواء ـ إذا تمكنت من فعل الشيء نفسه، فسوف تصبح أكثر إقناعًا وقدرة على إقناع الناس بأفكارك.

قد يربط الناس "الكاريزما" بشخصيات تاريخية مثل مارتن لوثر كينغ جونيور، لكن يمكنك أن تتمتع بشخصية كاريزمية دون أن تصبح شخصيًا مشهورًا وتاريخيًا. يمكن أن يساعدك إشراك الصور المفعمة بالحيوية في جعلك تتمتع بشخصية جذابة في الحياة اليومية؛ الأشخاص الذين يستمعون هم كائنات عاطفية ولا شيء يحركهم عاطفيًا أكثر من الصور والقصص والاستعارات الحية.

ما الذي يحفز مستمعيك ويثير اهتمامهم؟ بمجرد أن تفهم ذلك، استخدم هذه الرؤية لصياغة استعارة تتحدث بلغتهم ـ على سبيل المثال، يمكن للمدرس أن ينقل للطلاب الصغار حقائق الأبوة والأمومة من خلال القول بأن إنجاب الأطفال يشبه لعب ألعاب الفيديو في الوضع الصعب مع عيون مغلقة ووحدات تحكم مكسورة!

تشبيه كهذا يمكّن مستمعك من استيعاب النقطة التي تثيرها بسرعة. تعتبر الاستعارات والتشبيهات مثل هذه فعالة للغاية لأنها لا تنقل أجزاء أساسية من المعلومات فحسب، بل تنقل أيضًا كيف تتناسب هذه المعلومات مع حياتهم اليومية ـ وبعبارة أخرى، ما تعنيه.

لقد أتقن القادة هذه الطريقة لتحفيز الآخرين وإلهامهم والتأثير عليهم؛ ولكن يمكنك استخدام نفس التكتيك لأغراض أخرى أيضًا: إنشاء علاقة مع أشخاص لا تحبهم بالفعل أو إشراكهم في محادثات تبدو طبيعية وممتعة ورائعة بكل بساطة!

فيما يلي بعض الاستراتيجيات من كتب الخطباء العظماء التي يمكن أن تساعدك على استخدام لغة عاطفية ملونة من شأنها الوصول إلى الناس وإشراكهم:

لا تناقش ببساطة ما تؤمن به ولماذا؛ حاول أن تفهم ما الذي يدفع شخص ما أمامك، وذلك لبناء حوار هادف.

قم بصياغة حجتك باستخدام المصطلحات التي سيختارونها، بحيث يشعرون في النهاية كما لو أنك فهمتها، وليس العكس!

حاول شرح المفاهيم الصعبة باستخدام أمثلة مترابطة يسهل على المستمعين والقراء فهمها، مثل "قد تكون الميتوكوندريا بمثابة مراكز طاقة للخلايا، لكن مجمع جولجي يعمل كصندوق ثلج حيث يتم تعبئة كل شيء وإرساله إلى حيث يجب أن يذهب".

لا تسمح للغة بأن تصبح عادية. حتى في الطرق الصغيرة، حافظ على مفرداتك نابضة بالحياة ورائعة ـ فالأشخاص الذين يمتلكون مفردات غنية وحيوية يميلون إلى أن يُنظر إليهم على أنهم أكثر ذكاءً وإثارة للاهتمام، لذا تجنب اللغة التي يمكن التنبؤ بها والتي تبدو روتينية والتلاعب بالصفات غير المألوفة أو العبارات المسلية التي ستجعل الناس يأخذونها نظرات ثانية.

اسمح لحماسك وفرحك أن ينتشر إلى الآخرين. عندما تروي حكاية، ادخل إلى جوهرها العاطفي باستخدام التعبير والصوت ولغة الجسد أثناء سردها.

كلمتان سحريتان لإثارة مناقشات لا نهاية لها

منذ آخر نصيحة وخدعة لدينا، رأينا أن هناك دائمًا قاعدة واحدة غير معلن عنها حول المحادثات الناجحة: يجب أن تهدف إلى التواصل والمشاركة والاستماع، بدلاً من التنافس أو الأداء لتعزيز الذات؛ ويجب أن يظل تركيزهم على الحوار بدلاً من الترويج للذات؛ يجب أن يظل هذا التحول الدقيق والعميق في جوهر كل ما تأخذه من هذا الكتاب.

يمكن العثور على أحد الأساليب التي تجسد هذه العقلية حقًا في التمثيل المرتجل. شاهد هذا التبادل:

ج: ستكون البرازيل وجهة أحلامي في يوم من الأيام، بفضل ثقافتها وشعبها وشمسها... ناهيك عن ممارسة لغتي الإسبانية هناك!

ب: لغتك الاسبانية؟ هل تدرك أنهم يتحدثون البرتغالية في البرازيل؟

ج: (محرجًا بعض الشيء) نعم، أم... على أي حال أعتقد أنه سيكون رائعًا.
ب: بالتأكيد... ولكن لماذا تعتمد هذا القرار على معرفتك بالبرازيل؟ ج: نعم، في المدرسة كان هناك هذا الطفل البرازيلي الرائع الذي ساعدنا في تعليمنا اللغة البرتغالية...

ب: ومع ذلك، سمعت أن معدل الجريمة في البرازيل ينذر بالخطر.

ج: (يبدأ بالتفكير في طرق للخروج)

ما الخطأ الذي حدث هنا؟ يبدو أن "أ" تحاول المضي قدمًا بينما يبدو أن "ب" تخلق عقبات وحواجز في طريقها. على الرغم من أن "ب" لم يستخدم "لكن" إلا مرة واحدة بشكل صريح، فمن الممكن بسهولة إغفال أهميته: عندما نستخدم كلمات مثل هذه ـ التي تضر أكثر مما تنفع ـ لنفي كل ما قيل للتو من خلال دحض شخص آخر ونزع الشرعية عن نقاط نقاشه؛ نحن نخلق حواجز تعطل المحادثة بدلاً من خلق شيء سلس مثل الرقص أو الانسجام. فقط ألقِ نظرة أخرى:
ج: يا رجل! ستكون البرازيل تجربة مذهلة بالنسبة لي ـ بدءًا من مناخها الدافئ وترحيب الناس بها وحتى ممارسة لغتي الإسبانية في الأماكن العامة! أتمنى أن يحدث ذلك يومًا ما

ب: إذن أنت من ذوي الخبرة في اللغة الإسبانية؟

ج: حسنًا، ليس تمامًا ـ كما ذكرت سابقًا، فإن الممارسة ستساعد بالتأكيد!

ب: الممارسة هي المفتاح! لا تذهب إلى البرازيل وتسيء إلى والدة شخص ما بالخطأ في كل مرة تسأل فيها أين محطة القطار...

ج: صحيح تماما؛ وهذا بالفعل هو السبب الجذري لكل أعمال عنف العصابات.

ب: بالتأكيد. يجب أن يكون هناك تحليل في مكان ما!

ج: توجد دراسات لكل شيء يمكن تخيله... أو يمكننا إنشاء دراساتنا الخاصة... أنا ماهر جدًا في ابتكار الأشياء...

في قلب محادثتهما الأولى، يوجد إصرار "ب" على تصحيح خطأ "أ"، جنبًا إلى جنب مع المواقف والحكم اللاحق من "أ". إنها تقريبًا مثل مباراة سجال ـ أيًا كان ما يقوله "أ"، يجب على "ب" الرد بشيء مخالف. يبدو الأمر جنونيًا عندما يتم وضعه بهذه الطريقة ولكن من المؤكد أننا جميعًا كنا هناك؟

لكن في المناقشة الثانية، أكاذيب "أ" لا تهم على الإطلاق؛ يجب أن تكون المحادثة ببساطة حول الاستمتاع والتواصل! ولا ينبغي للمناقشة أن تهدف إلى معرفة من هو الأفضل أو الأصح؛ وينبغي أن يكون الغرض منه إمتعة!

لا مزيد من الصمت! بدلاً من ذلك، لا تحتوي هذه المحادثة على لحظات "نعم، و" صريحة، ومع ذلك يسود شعور غامر بالتأكيد في كلا الحوارين. مهما كان ما يقوله "أ"، فإن "ب" يقبله بالكامل ويتعامل معه كما لو كان سباق تتابع رسميًا ـ ولا ينشغل "أ" أو "ب" بأي من الحجتين لتقديم مدخلات.
لا أحد يتورط في أفكار مسبقة حول المكان الذي يجب أن تذهب إليه محادثته؛ بدلاً من ذلك، يتخذون منهجًا تجريبيًا يخلق مزاجًا رائعًا ودافئًا يتدفق بسرعة، ومن المحتمل أن يخلق مشاعر إيجابية على جانبي المعادلة ـ ليصبح شيئًا أعظم مما كان يمكن لأي منهما أن يتخيله مسبقًا. وعلى العكس من ذلك، فإن المحادثة رقم 1 جعلت "ب" يشعر بالتفوق، لكنها على الأرجح تركت الشخص "أ" يشعر بالنقص. على العكس من ذلك، نجحت المحادثة 2 في جعل الشخص "ب" يشعر بالتفوق ولكن على حساب تكلفة شخصية كبيرة لأن الشخص "أ" ربما يعتقد الآن أنه متعجرف أو مسيئ ولا يمكنه الابتعاد عنه بالسرعة الكافية!

الارتجال يدور حول قول "نعم،" بدلاً من "نعم، لكن".

ينبغي أن يكون هذا الدليل مجرد مخطط عام؛ المفهوم الأساسي هنا هو الاستجابة لكل شخص دون حكم أو مقاومة أو سلبية. حتى الإشارات البسيطة لعدم القبول أو التراجع يمكن أن تخلق حواجز كبيرة بينك وبينهم ـ مما يجعل إجراء محادثات حقيقية ومرحة ورائعة أصعب من أي وقت مضى.

في كل مرة تقوم فيها بتغيير الموضوع أو العودة إليه على الرغم من محاولاتهم الابتعاد، يمكن أن تقول بمهارة: "لا، ولكن". يمكن أن يبدو سلوكك دفاعيًا أو عنيدًا بسبب خوضك في هذا التفاعل مع فكرة حول كيفية سير الأمور؛ عندما لا يتم ذلك وفقًا للخطة، تتوقف عن إدراك الإشارات من الشخص الآخر، وتبدأ في التحدث مع نفسك فقط بدلاً من ذلك.

هل سبق لك أن أردت إثارة شيء مهم في محادثة ما، ثم ينحرف بسرعة عن الموضوع ويجعل وجهة نظرك غير ذات صلة؟ حاول أن تتمتع بنعمة ترك الأمر. على الرغم من أنك قد تشعر بتحسن من خلال عرض قضيتك بقوة عندما يأتي دورك للتحدث، إلا أن مستمعيك قد يفكرون "هل سمعت ما قلته للتو؟"

لا شيء يظهر القبول والاعتراف والتحقق بشكل أكثر فعالية من التفاعل بسرعة وعفوية مع ما يتوصل إليه الناس والتوسع فيه في الوقت الفعلي. خذ بيانهم على أنه "صحيح تمامًا"، كما هو الحال في مسرحية هزلية ارتجالية.

الخوف يمكن أن يمنع الناس من اتخاذ هذه الخطوة؛ ربما تعتقد: "لكنني لا أعرف ماذا أقول! سأكون في الحال ولن يكون لدي أي شيء ذكي لأقوله!" نعم، يتطلب هذا تدريبًا ولكن إذا تمكنت من الاسترخاء قليلاً و"السير مع التيار"، فقد تكتشف أن بعض المحادثات الأكثر جاذبية هي تلك التي لم يكن هناك أي تحضير ضروري على الإطلاق.
ببساطة كن حاضرا. لا أحد يتوقع منك أن تكون ذكيًا أو مضحكًا أو ذكيًا ـ بل يتوقعون منك أن تظهر فقط!

عندما تبدأ المحادثة في الانجراف إلى منطقة المواجهة وتجد نفسك عالقًا في فخ "لكن"، خذ نفسًا عميقًا وركز انتباهك على الخارج بدلاً من ذلك. خذ ما يقوله لك الشخص الآخر بدلاً من ذلك؛ اسمح لهم بتحديد وتيرة المناقشة ونغمتها وموضوعها ـ آمنوا بأن أي موضوع يمكن أن يؤدي إلى حوار رائع! بدلاً من القلق من أنك تبدو غير مناسب في المحادثة ـ ركز بدلاً من ذلك على تحسين مظهرهم ـ فإن هذا الأسلوب يعمل بشكل سحري!

"هل تسعى جاهدة للصراع مع فرد آخر؟ هنا، يصبح من المهم مراعاة الأسلوب واللباقة، وحذف "لكن".

بدلاً من القول، "أنت تريد أن تسلك هذا الاتجاه ولكننا سنواجه حركة المرور إذا فعلنا ذلك"، قل: "نعم، يمكننا أن نسلك هذا الطريق ولكن قد نواجه بعض حركة المرور أيضًا ـ أو يمكننا أن نسلك هذا الطريق البديل الذي من المحتمل أن يكون أسرع".

يتم استيعاب المعلومات المقدمة دون جدال أو صراع بسهولة؛ يعرف المتحدثون الجيدون كيفية الاختلاف دون تعريض ما يهم حقًا للخطر: اتصال ممتع.

بغض النظر عن مدى غرابة أو عدم قبول موقف شخص آخر، أو عدم موافقتك عليه، لا يزال بإمكانك بناء Whose اتصال ديناميكي جذاب. أبقِ غرورك بعيدًا؛ اخماد السيناريو. ثق بالآخرين! تمامًا كما هو الحال في Line على أية حال؟ ـ كل شيء مكون ولا توجد نقاط مهمة!

ملخص: صوتك هو شكل رائع من أشكال التواصل غير اللفظي. انتبه إلى درجة صوته وحجمه وتعبيره وسرعته عند استخدامه للتحدث أمام الجمهور؛ تدرب للتأكد من حصولك على التأثير المطلوب على مستمعيك.

وجد عالم الأعصاب أنطونيو داماسيو أن الناس يتخذون قرارات لا تعتمد على المنطق بل على العاطفة، وهو ما يجب أن يكون هدفك عند البحث عن علاقات ذات معنى.

استخدم الحلقات المفتوحة لإنشاء محادثات تبدو غنية وممتلئة و"كاملة". ما عليك سوى البدء في سرد حكاية ما دون اختتامها فورًا إذا تعثرت المحادثة؛ العودة لاحقًا إذا لزم الأمر يمكن أن تبقي الأمور تتدفق بسلاسة.

أثناء حديثك، كن أكثر جاذبية باستخدام لغة جديدة ومبتكرة وحيوية. الاستفادة من الاستعارات لتبسيط المواضيع المعقدة إلى لغة يمكن ربطها بسهولة؛ التواصل عاطفيًا باستخدام لغة وصور مقنعة، وإظهار الحماس.

ركز المحادثة بعيدًا عن نفسك وتجاه الشخص الآخر، بهدف بناء التواصل بدلاً من التنافس أو الأداء. استخدم "نعم، و" من الكوميديا الارتجالية كوسيلة لإبقاء الأمور مفتوحة وديناميكية؛ كن على استعداد لإطلاق أفكار مسبقة حول الهدف الذي ينبغي أن تكون عليه محادثتك واتبع ما يتكشف بشكل طبيعي ـ ستشعر أن التجربة أكثر طبيعية وممتعة ومتصلة!

صحيح ما يقولون. الصمت يمكن أن يكون قويا! إن النية مهمة أيضًا: فما لا نقوله يمكن أن يكون له نفس القدر من القوة!

كما هو الحال في الموسيقى، تعد المسافات بين النوتات الموسيقية ضرورية بنفس القدر في المحادثة؛ إن الصمت في اللحظة المناسبة ولأسباب مبررة يمكن أن يتحدث كثيرًا عما يتم توصيله. يجب ألا يتم استخدام فترات التوقف المؤقت إلا بشكل متعمد.

تضيف العناصر الموضوعية هيكلًا وعمقًا إلى ما تتم مناقشته.

أنها توفر الراحة لكل من المستمعين والمشاركين في المناقشة.

يميل بعض الناس إلى التحدث كثيرًا ودون توقف. قد تتدفق ألسنتهم بالمعلومات لأسباب مختلفة ـ ربما لأنهم يشاركون اهتمامًا ما أو يشعرون بالقلق، وربما لا يشعرون بالاستماع إليهم وبالتالي يحتاجون إلى الاستمرار في تكرار ما يقولونه لجعل وجهة نظرهم أكثر وضوحًا في كل مرة.

بغض النظر عن السبب، فإن هؤلاء الأشخاص لا يؤخذون على محمل الجد ـ وفي كثير من الأحيان يتجاهلون الأمر! "التحدث كثيرًا" يمكن أن يعني أشياء كثيرة: تكرار نفسك؛ استخدام كلمات غير ضرورية أو معقدة حيث تكفي الكلمات الأبسط؛ استخلاص الجمل بما يتجاوز الطول المطلوب؛ الانجراف باستمرار في مسارات جانبية أو الانحراف إلى محادثات لا صلة لها بالموضوع. ويكمن جزء منها أيضًا في ملء كل لحظة بالخطاب حتى لا يتبقى مجال للتنفس!

لكن تخصيص الوقت للتوقف والتأمل والتفكير بعناية في كل كلمة قبل التحدث سيكون له تأثيرات عديدة. أولاً، ستجعل نفسك أكثر استرخاءً ـ إذا وجدت نفسك تنقطع أنفاسك بسرعة أو أصبح صوتك مختنقًا أو يبدو الصوت غريبًا عند التحدث بصوت عالٍ، فمن المحتمل أن يكون ذلك بسبب عدم استرخاء تنفسك بشكل صحيح؛ التنفس يريح جسدك وصندوقك الصوتي، مما يساعد صوتك على أن يبدو أكثر استرخاءً نتيجة لذلك، وبالتالي يريح الآخرين عند سماعه في صناديقهم الصوتية! من خلال سماع الاسترخاء في صندوق الصوت الخاص بك، سيشعر الأشخاص بمزيد من الراحة ـ وكذلك الشعور بالثقة من التحدث بصوت عالٍ!

توفر فترات التوقف المؤقت للمستمعين الوقت الكافي لمعالجة ما قلته. يؤدي القيام بذلك بأدب إلى تذكير جمهورك بأنه على الرغم من أنك تفهم بالفعل ما يحتاجون إلى سماعه، إلا أن الآخرين قد لا يفهمونه بعد. انطلق بسرعة دون منحهم هذه المرة ـ فقد يفقدهم ذلك اهتمامهم تمامًا.

إن ضبط وتيرة حديثك واعتداله مع فترات توقف يضفي جوًا من الهدوء والكرامة وحضور العقل على أي خطاب تلقيه. هل سبق لك أن تمنيت لو تحدثت بإهمال أكثر؟ لا شك لا؛ لكن هناك احتمالات كبيرة أن تندم على التحدث دون تفكير أو اتخاذ قرارات دون الكثير من الاعتبار؛ من خلال التوقف مؤقتًا، فإنك تمنح نفسك وقتًا للتفكير في السبب وما الذي يحدث لما تفعله وإلى أين تتجه أولوياتك.

يمنحك التوقف مؤقتًا فرصة للتنفس لمراقبة كيفية تفاعل الآخرين، بحيث يمكنك التعديل فورًا إذا لزم الأمر. هل سبق لك أن تحدثت مع شخص يبدو غير مدرك أن قصته تجعلك تذرف الدموع؟ من الممكن أن يكونوا منغمسين جدًا في إخبار الأمر لدرجة أنهم لا يلاحظون أنك غير مهتم. بالإضافة إلى ذلك، يمكن أن يكون "الإيقاف المؤقت بمثابة بديل مثالي للكلمات الحشو المزعجة مثل "مم" و"أعجبني.

ابطئ. جرّب إضافة فترات توقف أطول في خطابك ـ من ثانية أو ثانيتين (يمكنك حساب "مسيسيبي واحدة" في رأسك كمؤشر!). من خلال ممارسة هذه العادة، ستصبح أكثر تعمدًا وثقة وتحكمًا؛ يخشى الكثيرون التوقف خوفًا من أن يفقد الآخرون اهتمامهم أو يقاطعونهم؛ ولكن فقط جربها كتجربة وشاهد مدى نجاحها! قد تكتشف أنك تفضل ذلك على الردود المتقطعة!
طالما يتم التعامل مع كلماتك بعناية ومراعاة، فإن الآخرين سيكونون أكثر استعدادًا للمعاملة بالمثل لجهودك.

أين يجب أن تتوقف؟ اجعل الأمر طبيعيًا من خلال وضعها في المكان الذي تظهر فيه الفواصل أو النقاط عادةً في الكلام المكتوب. إن التوقف بعد الإشارة إلى نقطة مهمة أو قبل بدء جملة جديدة أو الكشف عن أجزاء مثيرة للاهتمام من المعلومات كلها أماكن فعالة لتأمل الجمهور أو تفكيره ـ على سبيل المثال، بعد طرح سؤال بلاغي مثير للاهتمام وعندما يقترن بلغة الجسد أو تعبيرات الوجه المناسبة، يمكن أن يثبت ذلك أكثر أقوى من أي كمية من الكلمات! ادرس القصص المصورة الكوميدية والمتحدثين العامين المشهورين للحصول على الإلهام فيما يتعلق بمتى وأين يتوقفون بالإضافة إلى وتيرتهم الإجمالية وأين يتوقفون مؤقتًا من حيث يتوقفون عادةً.

الاستماع إلى خطاب القبول الرئاسي للرئيس أوباما كمثال. لاحظ استخدامه للتوقفات (كثيرة!) لإضفاء الجاذبية والفعالية على خطابه مع منح جمهوره وقتًا للرد على ما يقوله. تسمح له فترات توقفه بالاستمتاع الكامل بكل كلمة يلقيها وتجربتها مع الحفاظ على انتباههم ـ وهو أمر يجب أن تحاول القيام به في خطاباتك لمنحها سلطة ووزنًا أكبر بكثير من مجرد التحدث بسرعة وبسرعة من خلال كل كل منها.

ابحث عن فقرة من النص وتدرب على قولها بصوت عالٍ بالسرعة التي تريدها لتكتسب الثقة وسهولة التحدث بصوت عالٍ. ركز على التنفس أولاً: عندما يكون تنفسك سلسًا ومتوازنًا، ستشعر بالاسترخاء وتصبح محبوبًا أكثر عند التحدث بصوت عالٍ. حاول أن تسحب نفسًا عميقًا بينما تتخيل في نفس الوقت أن هذه الأنفاس تخرج ببطء دون التسرع في تحويلِ الكلمات إلى كلمات؛ كرر ذلك حتى تجد تدفقًا سلسًا ـ عندما نشعر بالتوتر (أو الإثارة!)، يمكن أن تؤدي أنماط التنفس الضحلة أو غير المنتظمة إلى أصوات ضيقة وعالية النبرة أو ضيق في التنفس. ولكن عندما يسمح التنفس بانتظام بمزيد من الحرية ـ بالمعنى الحرفي للكلمة!

تطبيق مبدأ باريتو ربما يكون معروفًا باسمه العامي "قاعدة 80-20"، ينص مبدأ باريتو ببساطة على أن 20% من المدخلات توفر 80% من النتائج. لقد تم استخدام هذا المبدأ منذ فترة طويلة في الأعمال التجارية ولكن يمكننا الحصول على رؤى إضافية عندما نطبقه بأنفسنا.
قم بتطبيقه على عالمنا من مهارات الاتصال والمحادثة، خاصة لكي تصبح مستمعًا أفضل.

لنبدأ بطرح هذا السؤال على أنفسنا: في محادثتك الأخيرة، هل كنت تحاول أن تكون مثيرًا للاهتمام أم مهتمًا؟ أو يمكننا طرح الأمر بطريقة أخرى: هل الغرض من المحادثة هو إظهار ما تعرفه لشخص ما أو تعلم ما يعرفه؟

نحن جميعًا نفهم قيمة الاستماع النشط، ولكن كم منا يمارسه حقًا؟ تطبيق مبدأ باريتو على الاستماع يعني: 80% من المحادثات يجب أن تتمحور حول الآخرين و20% يجب أن تتمحور حول نفسك ـ بالرغم من أنه إذا إكان هذا يبدو غير عادي بالنسبة لك، ففكر في عدد المحادثات التي جرت بالفعل حيث تم عكس هذه النسبة

:فيما يلي بعض الاستراتيجيات الفعالة لإبعاد الآخرين وإملائهم وإرهاقهم بسرعة في المحادثة

إن "إلقاء" قصتك عليهم، والاستيلاء على وقت البث للمحادثة وإظهار كل شيء عن نفسك، كلها طرق يمكن .أن تعترض طريقك

احرص على توجيه المحادثات نحو المواضيع التي ترغب في أن تذهب إليها؛ استمع عندما يغير شخص ما الموضوع بلطف ولكن سرعان ما عد مرة أخرى إلى نقطة المناقشة الخاصة بك كما لو لم يتحدث أحد قبل !مواصلة نقاشك حول وجهة نظرك دون إبداء أي اهتمام من أي شخص آخر

إن بذل قصارى جهدك لإثارة إعجاب الآخرين أو التحدث إليهم أو التفاخر بهم من أجل المشاركة في المحادثة أو ربط كل فكرة بنفسك من خلال الحكايات الشخصية من المرجح أن يفشل مع من حولك. أن تكون ذلك الشخص الذي يقاطع الآخرين بتعليقات "حسنًا في الواقع...". أن تكون مزيفًا وغير أصيل أثناء تشغيل "نص" غير فعال ويمكن التنبؤ به. على سبيل المثال، سؤال شخص ما عن أحواله ثم الانزعاج التام عندما تأتي إجابته منه مع انتهاء وقت السؤال هو شكل آخر من أشكال التزييف وعدم الاحترام

بقدر ما نسعى جميعًا لنصبح متحدثين أفضل، فإن هذه الرغبة يمكن أن تأتي بنتائج عكسية إذا كان تركيزنا فقط على أن نصبح "أفضل". بمعنى آخر، بدلاً من أن نتساءل كيف يمكنني أن أتحسن، "كيف يمكنني أن :أجعل نفسي أكثر إثارة للاهتمام أو أكثر جاذبية؟"، بدلاً من ذلك قد نتساءل

أنت تعرف بالضبط أين تكمن المشكلة؛ كل شيء يركز عليك.
إذا كنت تريد حقًا أن تصبح محاورًا جذابًا، فاسأل نفسك هذه الأسئلة: "كيف يمكنني أن أجعل شريك المحادثة يشعر بالرضا؟" من المهم الاستماع بعلاقتي معهم وتعميقها، كما أن التعلم منهم ومساعدتهم على التألق هو .أمر أساسي أيضًا

من ناحية العقلية، الأمر مختلف تمامًا؛ إنه الفرق بين أن تكون مثيرًا للاهتمام وأن تكون منخرطًا! حتى الشخص الجذاب قد يصبح الحديث معه مرهقًا إذا كانت تفاعلاته تجعل الآخرين يشعرون بالتجاهل أو الملل أو الرفض!

قد يكون من الصعب أن تكون مستمعًا نشطًا. عليك أن تفعل أكثر من مجرد تمثيل الدور؛ تحتاج إلى الاستماع فعلاً! أولا، لاحظ. انخرط في محادثات دون وضع أجندة أو افتراضات أو تحيز في الاعتبار ـ حاول أن تدرك

أن أي موضوع قد ينشأ في المحادثة وأن كل محادثة هي تجربة إنشاء مشترك حية تتكشف ـ أليس هذا مثيرًا؟ كن فضوليًا عندما يحدث التكشف.

أثناء الاستماع، حاول ألا تفكر مسبقًا عندما يحين دورك للتحدث في المستقبل. لا تفكر مسبقًا في كيفية الرد أو تصفية كل شيء من خلال مرشح لتقرر ما إذا كان يوافق أو لا يتفق مع ما قيل ـ يجب أن تكون مهمتك هنا فقط الاستماع وجمع المعلومات أثناء النظر في عين الشخص حتى لفهم وجهة نظره/نظرتها للعالم ـ ما هو شعوره الآن، ومن أين أتوا حقًا وما إلى ذلك.

عندما يتحدث شخص ما، فإن توفير هذا النوع من الاهتمام لن يؤدي إلا إلى جعله أكثر سعادة من ذي قبل. أحد أساليب الاستماع النشط الشائعة هو تكرار ما تم سماعه لإظهار فهمك، على الرغم من أن هذه الخطوة ليست ضرورية تمامًا إذا شعر شخص ما بأنه يحظى باهتمامك الكامل.

الاستماع النشط هو أمر متكرر، مما يعني أنه يجب عليك التعديل والضبط أثناء التقدم. كن مستعدًا للمفاجآت إذا اتخذت المحادثة منعطفًا غير متوقع؛ لا تتسرع في الدفاع أو شرح شيء لا توافق عليه، على سبيل المثال، إذا ذكر شخص ما مجالًا تعرفه جيدًا؛ ركز بدلاً من ذلك على الفهم والتواصل بدلاً من الرد أو التقييم أو النفي لأن كل ذلك سيحدث فرقاً كبيراً بالنسبة لك وللشخص الآخر المعني!

الآن، ربما تساءلت: "إذا كنت أستمع 80% من الوقت وأتحدث 20% فقط، فكيف يمكنني التعبير عما أريد؟ هل يجب أن أضع نفسي في المرتبة الثانية طوال الوقت حتى أكون شخصًا آخر؟" محاور فعال" ولكن إذا فحصنا نهجنا من زاوية أخرى، فإن هذا السؤال يأتي من عقلية تنظر إلى المحادثات على أنها مسابقات وليست تفاعلات ممتعة بين شخصين، حيث يكون التحدث ذو قيمة أعلى من الاستماع. ذكّر نفسك: من الممكن تمامًا إجراء مناقشات رائعة ومرضية للغاية حتى مع شخص لا نتحدث معه كثيرًا!

الحقيقة هي أن منح الأشخاص المساحة والتأكد من أنهم يشعرون بأنهم مسموعون سيشجعهم بطبيعة الحال على الرد بالمثل على لفتتك المتمثلة في منحهم مساحة للتعبير عن أنفسهم، مما يؤدي بهم إلى إسماع أصواتهم دون مشكلة. على العكس من ذلك، إذا شعر الناس أنك تناور دائمًا لجذب الانتباه أو تحاول السيطرة على الحوار، فقد يصبحون أقل ميلًا لمنحك وقتًا للبث، ومن غير المرجح أن يسمحوا لك بالتحدث على الإطلاق.

في المرة القادمة عندما تجد نفسك منخرطًا في محادثة، انتبه إلى كيفية تحول تركيزك بمرور الوقت. راقب نفسك لحظة بلحظة لترى ما إذا كان الأمر يتعلق بك أكثر أم بالشخص الآخر أم بالموضوع المطروح بشكل عام. في حين أنه من الجيد أن تحتل مركز الصدارة من وقت لآخر، حاول الابتعاد عن نفسك من خلال إبقاء نظرك مركزًا على الخارج وبعيدًا عن نفسك من خلال طرق مثل:

إن التساؤل حول الأسباب التي ألهمتهم للهجرة هو أمر أساسي هنا؛ حاول أن تسأل، على سبيل المثال: "ما الذي ألهم قرارك؟")

شجعهم على التحدث أكثر ("نعم؟" أو "ثم ماذا؟")

واو" (تعجب!")

بعد أن يتحدث شخص ما، خذ وقتًا لمعالجة ما قاله دون مقاطعته على الفور؛ امنح نفسك الوقت الكافي للمعالجة قبل الرد مباشرة أو إجبار شخص ما على الخروج من المسرح ليأتي دورك. اطرح أسئلة مفتوحة تدعوك إلى المشاركة قبل التزام الصمت للسماح للآخرين بالتحدث بحرية. ركز كل انتباهك عليهم عند التحدث بصوتٍ عالٍ.

إذا كنت تريد مثالًا رائعًا للاستماع النشط أثناء العمل، فشاهد أيًا من مضيفي البرامج الحوارية التلفزيونية الرائعة وهم يجرون مقابلات مع ضيوفهم. لاحظ كيف يبدون، على نحو متناقض، محبوبين وذوي كاريزما على الرغم من أنهم تركوا ضيوفهم للتألق تمامًا!
ومن المفارقات أن قدرتهم على السماح للآخرين بالتحدث بشكل مريح تجعلهم يبدون واثقين ومسيطرين ومرتاحين ـ وهو مؤشر على مدى شعورهم بالراحة والاسترخاء مع أنفسهم ومع جعل الآخرين يبدون بمظهر جيد! عندما تتحدث في المرة القادمة إلى شخص ما، ضع نفسك في عقليته ولاحظ مدى تغير الأمور بشكل كبير!

يمكن للتعبيرات الدقيقة أن تتحدث كثيرًا.

لقد استكشفنا حتى الآن العديد من النصائح والتقنيات للتواصل الفعال والتفاعل مع الآخرين لتجعل نفسك أكثر جاذبية وتواصلًا معهم على الفور. الآن دعونا نركز على فهم الناس.

يشمل الاتصال جانبين ـ المرسل والمتلقي للرسائل. إذا تمكنت من إدراك كيفية وصول رسائلك بدقة وفهم ما يشاركه الآخرون معك بشكل أكثر دقة، فسوف تتدفق محادثاتك بسهولة أكبر وسوف تفهم الآخرين بشكل أفضل، مما يدفعهم إلى الشعور وكأنك تفهمهم أكثر، ويقودهم إلى التفكير نتيجة لذلك، تصبح أكثر ودية ومحبوبًا وجاذبية.

إذا وجدت التفاعلات محرجة أو غريبة دون فهم السبب، أو غالبًا ما تشعر بسوء الفهم، فقد يرجع ذلك إلى مدى اختلاف ما يقوله الناس عما يشعرون به ويفكرون به حقًا. يتطلب أن تصبح قارئًا ماهرًا كلاً من الملاحظة والحدس في أجزاء متساوية.

التعبيرات الدقيقة هي تعبيرات وجه سريعة للغاية (1/15 من الثانية!) ويُعتقد أنها مؤشرات حقيقية للحالة العاطفية للأشخاص. تشبه "التعبيرات الكبيرة"، ولكن مع تأثيرات أقصر عمرًا. وتشمل الأمثلة الغضب والخوف والاشمئزاز والمفاجأة. يمكن لأي شخص تزييف الابتسامات أو إخفائها، ولكن إذا تمكن شخص ما من التقاط تعبيرات دقيقة، فهذا يعطي نظرة ثاقبة لما يختبره الأشخاص حقًا بغض النظر عن الصورة التي يصورونها.

يساعدنا فهم التعبيرات الدقيقة على فهم سبب انسحابنا أحيانًا من المواقف الاجتماعية بشكل أفضل. قد توجد حالة من عدم اليقين بين المحادثات الرسمية والحيلة غير المعلنة؛ عندما تتصادم هاتان القصتان دون أن تدري، قد تشعر بعدم الراحة دون أن تدرك السبب. ومع ذلك، من خلال أن تصبح أكثر وعيًا بالتعبيرات الدقيقة، قد تكتشف بشكل أفضل أي تناقض أو إخفاء أو نوايا خادعة صريحة من الآخرين.

أحد الأمثلة على ذلك هو عندما يقترح أحد أصدقاء شريكك الذهاب للشرب على الرغم من أن الوقت متأخر وأن الجميع مرهقون. ابتسمت شريكتك بأدب ولكنها على الفور وجهت إليك نظراتها بلغة جسد مشدودة ووميض طفيف من العبوس عند سماع هذا الاقتراح، مما يدل على أنها كانت تنوي فقط أن تكون مهذبة من خلال القبول. لقد ابتسمت بأدب ولكنك رفضت هذا العرض من صديقك بكل احترام.

سمحت لك ملاحظة الاختلافات بالحصول على قراءة أعمق بكثير لموقف يومي. وافقت زوجتك رسميًا، لكن تعابير وجهها الدقيقة كشفت عن مشاعرها الحقيقية ـ لو فاتتك هذا الدليل، لكان من الممكن أن تنتهي الأمسية بشكل مختلف؛ إن كونك حساسًا حتى تجاه "القصص" الصغيرة من المشاعر الحقيقية قد ساعد في خلق شخص أكثر تفاعلاً وتفهمًا.

أثناء العمل، قد تلاحظ أن أحد زملائك يتصرف بغضب. ومع ذلك، من خلال قراءة الإشارات الأخرى ومشاهدة تعبيراته الدقيقة، ستعتقد أنه قد يكون في الواقع خائفًا أكثر منه غاضبًا؛ لذلك عند التحدث معه في المرة القادمة، ابذلي جهدًا لتهدئته وتمهليه وقدمي له الحلول بدلاً من اتخاذ موقف دفاعي (كما يفعل معظم الناس عندما يواجهون شخصًا غاضبًا!). قد يشعر بأن تفاعلاتك بديهية أو متعاطفة بشكل خاص ـ لكن هذا لم يتحقق من خلال بعض القدرات السحرية!

توفر قراءة التعبيرات الدقيقة أيضًا ميزة أخرى: كشف الأكاذيب! على سبيل المثال، إذا قال شخص ما إنه يحب هدية عيد الميلاد التي قدمتها له، وبعد القيام بذلك مباشرة أبدى تعبيرًا عن الاشمئزاز والصدمة، يمكن أن يعطي هذا مؤشرًا لما لا يجب أن تقدمه له في العام المقبل!

فقط تذكر أن قراءة التعبيرات الدقيقة يجب أن تتم جنبًا إلى جنب مع أي ملاحظات أخرى تقوم بها. من الأفضل، خاصة مع الأشخاص الذين لا تعرفهم جيدًا، مقارنة أي ملاحظات ملحوظة مع خط الأساس لأغراض المقارنة والبحث عن الأنماط بدلاً من الحوادث المعزولة؛ شيء يدوم 1/15 من الثانية فقط قد لا يتم اكتشافه أو تفسيره بشكل خاطئ بسهولة!

قد يجادل البعض بأن معظم حركات الوجه العابرة تكون سريعة جدًا بحيث يصعب اكتشافها بشكل واعي ـ وفي هذه الحالة، ثق بحدسك وثق بحدسك. إذا بدا شخص ما ودودًا ولكنه يجعلك غير مرتاح عند التحدث معه، فلا تستبعد تصورك؛ ربما اكتشف عقلك الباطن وجود تناقضات بين كلماتهم وما يشعرون به حقًا؛ يمكن أن يحذرك جسدك وعقلك ببساطة!

هل تساءلت لماذا ينقر الناس؟
هل سبق لك أن شعرت بهذا "الشعور بالنقر" عند المشاركة في المحادثة؟ حسنًا، أجرت إيما تمبلتون وزملاؤها تجربة للتحقيق في الأمر، ونشروا نتائجهم في عام 2022 في مجلة علم النفس والعلوم المعرفية.

ما فعلوه هو مطالبة أزواج من الغرباء والأصدقاء بإجراء محادثة قبل مطالبتهم بتقديم تقرير ذاتي عن مستوى اتصالهم أو "النقر". وجد الفريق أنه عندما كان لدى الأزواج أوقات استجابة سريعة، كانوا أكثر عرضة للإبلاغ عن النقر. ربما بسبب الشعور بالقرب من الأشخاص الذين يتمتعون بأوقات استجابة أسرع وأسرع من المستجيبين الأبطأ؟ يميل المستجيبون الأسرع دون وعي إلى جعل الناس يشعرون بأنهم أقرب.

لاحظ الباحثون نتيجة مماثلة عندما طُلب من الآخرين مراقبة وتقييم المحادثات بين شخصين وتقييم ما إذا كانوا يعتقدون أن الاثنين يبدوان متوافقين أم لا ـ لاحظوا أيضًا أن أوقات الاستجابة أسرع = اتصال أفضل.

لكن أولاً، بعض المحاذير حول هذه الدراسة. وجد الباحثون فقط أن الأشخاص كانوا أكثر عرضة للإبلاغ عن علاقات قوية مع شركاء سريعي الاستجابة؛ أي أن أولئك الذين شعروا أنهم يفهمونهم جيدًا وأن المحادثة تدفقت بسلاسة. ومن غير المعروف ما إذا كان هذا يعادل روابط تفاهم حقيقية. ومع ذلك، في نهاية المطاف، قد لا يحدث فرقًا كبيرًا بين كونك متصلاً مقابل الشعور بالارتباط؟

أحد القيود الأخرى على البحث هو نطاقه المحدود: لقد قدم ملاحظة فقط ـ تميل المحادثات ذات أوقات رد الفعل الأسرع إلى وصفها بأنها أكثر ترابطًا ـ ولكن هل يعني ذلك أنه يمكننا زيادة مدى شعور الآخرين بالتواصل الجيد معنا إذا استجبنا بسرعة أكبر ؟ لسوء الحظ، هذا شيء لم تستكشفه الدراسة، ولكن يمكنك بالتأكيد اختبار ذلك بنفسك!

في المرة القادمة التي تنخرط فيها في محادثة، حاول الاهتمام أكثر من مجرد وقت الاستجابة (وهو مجرد مقياس) ولكن بالاستجابة الشاملة. يشعر الأشخاص بأنهم أكثر ارتباطًا ورؤية وتقديرًا وفهمًا عندما يبدو كما لو أن هناك شخصًا آخر معهم يستجيب بسرعة وينتبه ويستمع عن كثب ـ فكر في مدى سوء سير المكالمة الدولية مع تأخيرات طفيفة إلى نتائج مماثلة ـ فنحن نشعر بصعوبة Zoom مع التأخير! يمكن أن تؤدي مكالمات الحصول على تدفق حقيقي بيننا جميعًا.

غالبًا ما يستمتع الأصدقاء القدامى بالصمت المريح فيما بينهم؛ ومع ذلك، من أجل الحفاظ على التدفق السليم للمحادثة وتجنب الفجوات. إذا كان هناك أي تردد بين مواضيع المحادثة، فارجع إلى حلقة مفتوحة (انظر إلى أي مدى يمكن أن تكون مفيدة؟) أو اطرح سؤالاً مفتوحًا لبدء الأمور مرة أخرى. لا تحتاج بالضرورة إلى إضافة أي شيء جديد إلى الحوار حتى يتم احتسابه كردود سريعة ـ ما عليك سوى إظهار أنك سمعت وفهمت قصتهم، مثل الإيماء برأسك أثناء تحدثهم أو مطابقة تعبيرات الوجه أثناء حديثهم.

إن مجرد طرح سؤال يمكن أن يؤدي في كثير من الأحيان إلى إحياء الحوار المتوقف. هناك عامل إضافي يجب أخذه في الاعتبار عند طرح استفسار: الإجابة المحتملة غالبًا ما تحدث فترات الهدوء في المحادثة عندما يستنفد كلا المشاركين موضوعًا ما. إذا حدث هذا معك، فلاحظ أن الآن قد يكون فرصة مثالية لتعميق التفاعل ـ قد يكون ذلك مجرد إشارة إلى أن هناك شيئًا جاهزًا للتغيير من حيث عمق الحوار ـ ربما حاول ممارسة الحد الأدنى من الإفصاح، أو التحول نحو مناقشة شيء ما أكثر شخصية؟

ومع ذلك، في حين أنه من الأفضل دائمًا إبقاء الأمور تتدفق بسلاسة وخفة، لا تدع الهوس بملء الفجوات الهادئة يتحول إلى قلق أو يأس. إذا كنت تشعر بالقلق وتحاول يائسًا ما تقول شيئًا ما لملء هذا الصمت بين إفترات المحادثة، فقد ينتهي الأمر بقلقك إلى القيام بذلك بالضبط لكن لنكن صادقين ـ في بعض الأحيان قد تصبح المحادثات محرجة ويتسلل الصمت بغض النظر عن بذل قصارى جهدنا للتغلب عليها. لا يلزم ملء كل صمت، ولن تكون كل محادثة بمثابة تمرين في الذكاء والتطور ـ إذا بدت

الأمور محرجة بشكل غريب، فقد يكون من الأفضل إنهاء المناقشة بأمان حتى يظل من الممكن إعادة النظر فيها في وقت آخر عندما تكون الكيمياء مختلفة.

ابق دائمًا هادئًا وواثقًا، وحافظ على الود، واجعل نهاية المحادثة أمرًا مؤسفًا: "حسنًا، لقد كانت محادثة ممتعة؛ لسوء الحظ يجب أن أغادر الآن؛ تمنى لي التوفيق في عرضك التقديمي الأسبوع المقبل وأتمنى رؤيتك في وقت ما!".

استكشاف الألغام الأرضية الصراع

حتى الان جيدة جدا. ولكن ماذا يحدث عندما لا تسير المحادثات كما هو متوقع وتنشأ الخلافات بينك وبين الشخص الآخر؟ في المشهد السياسي المتقلب اليوم، تبدو الحجج الأيديولوجية أكثر انتشارًا من أي وقت مضى، مما يزيد من المخاطر ـ تشعر كما لو أن الشخص الآخر لا يستمع إلى "المنطق"، ومع ذلك فهو يشعر بالمثل تجاهك!

هل سبق لك أن لاحظت شخصًا يحمل معتقدين يبدوان غير متطابقين ولا يتوافقان على الإطلاق؟ تسمى هذه الظاهرة بالتنافر المعرفي: عندما تتعايش وجهتا نظر متناقضتان في وقت واحد. لكن لا تتوقع من الناس (بما فيهم أنت!) أن يتوقفوا عن اعتناق هذه الآراء لمجرد أنك تشير إلى التنافر المعرفي ـ وبدلاً من ذلك قد يستمرون في وجهات نظرهم بغض النظر.
إن التعلق بشكل أكثر إحكامًا بالمعتقدات والمفاهيم التي تساعد في تشكيل السقالات العقلية الخاصة بهم لا يمكن إلا أن يعززها بشكل أكبر ـ حتى لو بدت هذه الأفكار غير عقلانية أو غير معقولة.

كيف يمكننا التعامل مع التنافر المعرفي؟ حسنًا، أول شيء هو أولًا: التعرف عليه داخل نفسك. نحب أن نعتقد أننا دائمًا منطقيون؛ ومن خلال الاعتراف بمتى ولماذا لا تتوافق عمليات تفكيرنا العقلاني مع وجهة نظر الآخرين، فإننا نكتسب المزيد من الفهم. علاوة على ذلك، تعلم عندما يتحدث شخص ما من موقع التنافر المعرفي: بهذه الطريقة ستعرف متى يدلي شخص ما بتصريحات من موقع الصراع أو التنافر المعرفي هذا.

يبدو أنهم متفاجئون بالمعلومات الجديدة لكنهم يظلون غير راغبين في تعديل موقفهم وفقًا لذلك.

لا يمكنهم نقل وجهة نظرك بدقة.

إنهم يفترضون أن نيتك في التحدث إليهم ضارة.

ومع تقدمهم، يغيرون الأهداف أو التعريفات وفقًا لذلك.

يميل الناس إلى الرد بغضب وسخط على اتهامهم بشيء ما. إنهم يصرخون أو يشعرون بالاستياء عندما يواجههم شخص ما بشكل مباشر بشأن شيء ما.

تركز تقييمات الشخصية والهوية بشكل أكبر على صفاتك الفريدة بدلاً من التركيز على أي حجة أو ادعاء تقدمه.

وسرعان ما ينسحبون من النقاش دون تقديم أي تنازلات أو تنازلات.

ماذا يحدث إذا واجهت هذه الخصائص في أشخاص آخرين؟ هل يجب عليك إشراكهم مباشرة والذهاب إلى المعركة؟ بالطبع لا! من المحتمل أن هذا الشخص لا يحمل اهتماماتك بحسن نية، وبالتالي لا يمكنه إشراكك بشكل فعال من خلال النقاش؛ وجهات نظرهم المتنافرة المعرفية تمنع أي حوار هادف معك.

عندما نتذكر قاعدتنا الذهبية للمحادثة، من المهم أن نضع هذا الهدف في الاعتبار: التواصل والفهم والترابط. في كثير من الأحيان، عندما نكون في جدال (خاصة مع شخص يرفض الاستماع!)، ننسى هذه الحقيقة الأساسية ـ كل محادثة بين الأصدقاء والزملاء والشركاء تميل إلى أن تكون عاطفية وليست منطقية.

عند مواجهة التنافر المعرفي، فإن أفضل مسار للعمل هو عدم التورط في نقاش غير ضروري مع أولئك الذين لا يستطيعون أو يرفضون الاقتناع بخلاف ذلك؛ وبدلاً من ذلك يجب أن نعمل على بناء العلاقة مرة أخرى وإيجاد طرق لاستعادة العلاقات. تذكر هذا، تذكر غريزتك الأولى قد يكون صحيحًا! يستجيب الناس بهذه الطرق بسبب الخوف ـ فعندما يشعرون بأي تهديد لتنافرهم، سيفعلون كل ما هو ضروري للدفاع عن أنفسهم والتمسك بمواقفهم ـ ولن يؤدي الضغط أكثر إلا إلى تعزيزهم أكثر وسيؤدي إلى تفاقم جهودك في المصالحة.

الآن هو الوقت المناسب للتوقف عن الدفع.
في المرة القادمة التي يتصاعد فيها الجدال إلى هذا المستوى، خذ خطوة إلى الوراء وأعد الاتصال. يمكن أن تشمل إحدى الطرق إلقاء نكتة غير مؤذية تثير الضحك دون إهانة شخصيتهم بشكل مباشر؛ قم بتخفيف الأمور أثناء إرسال رسالة مفادها أنه على الرغم من اختلافنا، لا يزال هناك احترام بيننا وكنت تستمع؛ وهذا يقلل من مستويات التهديد المتصورة وسيقلل من دفاعهم.

هل أنت متعب من التعامل مع الدفاعية والتنافر المعرفي لدى الآخرين؟ إذا كان الأمر كذلك، فقد تدعو إلى الدفاع والتنافر المعرفي عن غير قصد من خلال موقفك ونهجك. على وجه التحديد، فإن التعامل مع أولئك الذين يتفقون معك (أو "القادمون إلى جانبك") كدليل على التفوق يمكن أن يضع الناس في حالة من التوتر؛ وبالمثل، فإن تأطير الحوار على أنه ألعاب محصلتها صفر حيث يلوم كل طرف الآخر هو وسيلة مؤكدة للصراع! إن التكبر أو العناد لا يلهم إلا من حولهم!

تتضمن العقلية الثانية الضغط على الناس دون قصد ليصبحوا نسخًا مثالية لأنفسهم ويعيشوا وفقًا لقيمهم على الفور، وإلا فإنهم يخاطرون بفقدان النزاهة. لنفترض أن أحد الأشخاص اعترف في محادثة حول النظام النباتي بأن تناول اللحوم يسبب الضرر ـ فمن المحتمل أن يصبحوا دفاعيين إذا طلبت منهم تغيير نظامهم الغذائي على الفور وفقًا لهذا الفهم الجديد؛ في بعض الأحيان يحتاج الناس ببساطة إلى وقت للالتفاف!

وتحدث العقلية الثالثة عندما نحمل سلوكيات الناس الماضية ضدهم. ضع في اعتبارك هذا: عندما يصبح شريكك في المحادثة خصمًا، فإن اتفاقه معك يصبح اعترافًا بالهزيمة ـ من يريد ذلك؟! من خلال نقل فكرة أنك تريد كسبهم بدلاً من التواصل أو التعلم أو الفهم، فإن هذا يضع كلا الشخصين على أهبة الاستعداد ضد التعرض للهجوم كمعارضين ويمكن أن يؤدي إلى مقاومة من كلا الجانبين.

بمجرد أن تجد نفسك منخرطًا في مناقشة محتدمة بشكل متزايد، خذ نفسًا عميقًا واسترخِ. لاحظ جسمك. عندما يضيق حلقك أو ترتفع نبرة صوتك فجأة، فقد يكون ذلك بمثابة استجابة الجسم الطبيعية للقتال أو الطيران؛ تذكر أنك تجري محادثة فقط وتوقف لتذكير نفسك بأنه لا داعي للذهاب إلى أبعد من هذه النقطة.

أدرك في تلك اللحظة أنه إذا واصلت السير في اتجاهك الحالي، فمن المحتمل أن يتعطل الاتصال. ولكن لديك خيار. تصرف بطريقة تعطي الأولوية للانسجام والتفاهم والتدفق على الحجج القائمة على الأنا حول من يجب أن يكون على حق ـ بمجرد أن يصبح هذا التغيير ساري المفعول، ستدرك أن المحادثات الحقيقية يمكن أن تبدأ في الحدوث وأنها أكثر متعة بكثير!

التعاطف والبقع العمياء

يتضمن الذكاء التحادثي أكثر من مجرد كونك ساحرًا. كم مرة وجدت نفسك منخرطًا في محادثات لم تكن ممتعة ولكنها بدت ممتعة بدرجة كافية من وجهة نظر شخص آخر؟ قد يعتقدون أنهم آسرون بينما كنت تعتقد خلاف ذلك!

فكر في كيف قد تعمل هذه الديناميكية أحيانًا ضدك!

لسوء الحظ، ما يجعلنا فقراء في المحادثة هو أيضًا ما يمنعنا من إدراك السبب: عدم الوعي والتركيز على الذات.

ما مدى جودة إخبارك وسؤالك، محاولًا أن تكون مثيرًا للاهتمام مقابل أن تكون مهتمًا؟ أثناء محاولتك جذب الآخرين إلى وجهة نظرك، ربما تم التغاضي عن معلومة مهمة واحدة: أنهم لم يستمتعوا بما تم تقديمه لهم. وهذا يعني أنك ربما وقعت فريسة لنقاط المحادثة العمياء ـ حيث يعتقد شخص ما أنك تتحدث إليه مباشرة بينما تتحدث بالفعل مع شخص آخر دون أن تدرك أبدًا ما هي المشكلة الحقيقية... وتظل غير مدرك.

يعد الوعي الذاتي والانضباط والممارسة أمرًا ضروريًا لتجنب التصرف كما لو أن المحادثات هي ببساطة "مونولوجات في شركة شخص آخر". في كثير من الأحيان يتحدث الناس فيما بينهم دون أن يدركوا فشل الحوار.

قد تبدو شخصيتك ساحرة، لكن ذلك قد لا يترجم إلى واقع! يمكن تفسير ذلك بسهولة: عند التعبير عن نفسك ومشاركة آرائك مع شخص ما، يتم إطلاق الدوبامين ويمكن أن يخلق اعتقادًا خاطئًا بأن هذا الإطلاق من الدوبامين يختبرونه أيضًا ـ مما يعطي إحساسًا زائفًا بأنهم يشعرون بالسعادة بينما في الواقع يمكن أن يكونوا كذلك الشعور بالملل أو الغربة أو الرفض! قد نغفل أن مستويات الدوبامين لم ترتفع، مما يدفعنا إلى افتراض أن الشخص الآخر يشعر بنفس طنين التعبير عن الذات، لكن إطلاق الناقل العصبي هذا يمكن أن يسبب لنا نفس القدر من السهولة. ومع ذلك، بينما يكافئنا دماغنا بالدوبامين، فإنه يطلق مواد كيميائية عصبية مماثلة يتم إطلاقها أثناء الرفض أو الألم الجسدي!

يمكن أن يدخل مستمعك في وضع القتال أو الهروب اللاإرادي ويمكن أن تبدأ أجسامهم في إنتاج الكورتيزول، مما يثبط الوظائف التنفيذية (قشرة الفص الجبهي) بينما يتولى الجزء السفلي من الدماغ (اللوزة الدماغية) المسؤولية؛ لم تعد تهتم أو تنخرط ـ ومن وجهة نظرك، قد لا يتم اكتشاف ذلك تمامًا... إلا إذا أظهروا تعاطفًا تجاه موقفك.

يتيح لنا التعاطف أن نرى خارج نقاطنا العمياء وأن نبقى على دراية بالآخرين عندما نصبح مشتتين أو منغمسين في أنفسنا، وهذا هو السبب في أن الذكاء التحادثي هو المفتاح للمحادثة الفعالة. على الرغم من أن

تطويرها يتطلب ممارسة، فإليك بعض الاستراتيجيات المفيدة التي يمكنك تجربتها خلال محادثتك التالية ـ
وكلها تتطلب تعليق الافتراضات:

ابدأ بالاعتراف بأنه قد تكون لديك نقاط عمياء في المحادثة؛ في أي وقت تعتقد فيه بهذه الطريقة هو دليل على
أن هذا قد يكون هو الحال بالفعل!

نصيحة رئيسية أخرى هي عدم الافتراض بأن الآخرين يشاركونك تفكيرك ومعتقداتك ووجهات نظرك بشأن
أي شيء ـ خاصة فيما يتعلق بأي شيء ذي قيمة بالنسبة لهم. تجنب التخمين.

المحادثة تدور حول مقابلة شخص جديد؛ لا تفترض أنك تعرفهم بالفعل أو تعرف آرائهم؛ اطرح المزيد من
الأسئلة بدلاً من الإدلاء ببيانات!

لا تفترض أن الجميع يرى المحادثات بنفس الطريقة التي ترى بها أنت. قد تختلف أهدافنا واحتياجاتنا في
التحدث مع الآخرين؛ لذلك، لا ينبغي أن تفترض أن فهمهم مطابق لفهمك. يحكم الناس بناءً على معايير مختلفة
عند التحدث إلى الآخرين.

يمكن إدراك النجاح بطرق مختلفة. على الرغم من أنك قد ترى في التفاعلات فرصًا لمشاركة المعرفة
والاهتمامات التي تمتلكها، إلا أنها قد توفر أيضًا فرصة للنمو في السياق المهني.

كيف يدرك الشخص الآخر هذه المحادثة وكل الحقائق التي تنقلها إليه؟ هذه معلومات هامة.
يبدأ التعاطف بالفهم.
كثيرًا ما نفترض أن ما نقوله لا يمكن أن يكون له إلا معنى واحد؛ وفي الحقيقة لا يُكتسب المعنى إلا بعد أن
يفهمه السامع.

المحادثة لا تبث. بل هو المشاركة في الخلق. لذلك، إذا لم نتواصل أو لم يتم الاستماع إلينا، فقد يكون هناك
خطأ ما في هذه العملية.

وطالما أن المستمعين يفهمون، فلا ينبغي لأحد أن يتحمل المسؤولية. وبدلا من ذلك، نحن بحاجة إلى التكيف.

كما اكتشفنا، فإن تطوير التعاطف أثناء المحادثة أمر ممكن من خلال إدراك مقدار الوقت الذي نستغرقه في
المحادثات، وأين يقع التركيز (سواء على أنفسنا أو على الآخرين). لكي تظل منفتحًا وموجهًا نحو الاكتشاف،
ما عليك سوى إجبار نفسك على استبدال العبارات بالأسئلة عندما تبدو طويلة جدًا ـ في أي وقت تظهر فيه
دافع الأنا لديك، قم ببساطة بالتغيير لتصبح فضوليًا بشأن عالمهم الداخلي! استمع بهدف التواصل بدلاً من
الاستجابة ـ وانظر إلى التفاعلات على أنها تجارب مرحة بدلاً من كونها معارك من أجل الهيمنة أو الإقناع!

جرب تقنية "النقر المزدوج". غالبًا ما تتميز صفحات الويب بارتباطات تشعبية تؤدي عند النقر عليها إلى فتح
صفحات جديدة تحتوي على مزيد من المعلومات. الناس متشابهون. تخيل تقريبًا أن كل جملة يقولونها مكتوب

عليها خط باللون الأزرق ولكنها غير مستكشفة؛ "انقر نقرًا مزدوجًا" لتطلب منهم تقديم المزيد من التفاصيل أو التعمق أكثر فيما أخبروك به.

سيستخدم النرجسيون في المحادثة هذه الروابط كفرص للتفاخر بأنفسهم. بدلًا من ذلك، خاطر بأن يكون لدى هذا الشخص شيء يستحق المشاركة؛ ففي نهاية المطاف، ألا تعتقد أن لديك أشياء رائعة تريد إظهارها للآخرين؟ إعطاء الهدية لآخر
أسلوب آخر مفيد هو التظاهر بأنك والشخص الآخر كائنان فضائيان من عوالم أو أنواع مختلفة، أو مخلوقات من أنواع مختلفة تمامًا. نحن جميعًا نعيش في عوالم داخلية مختلفة إلى حد كبير على الرغم من أننا نتقاسم معايير ثقافية مشتركة. اتخذ خطوة واحدة صغيرة: افترض أنهم يعيشون في مكان مختلف عنك؛ ومن الآن فصاعدا، لا تضع المزيد من الافتراضات ـ ما عليك سوى دعوتهم لمشاركة ما يعرفونه معك بفضول ممتن وغير حكمي.

يتطلب الذكاء التحادثي والتعاطف الممارسة والالتزام، ولكن قد تكون هناك مجالات يمكنك البدء في العمل عليها الآن أو في لقاءك الاجتماعي التالي:

هل تبدو المحادثات وكأنها مناقشات بالنسبة لك، وهل رأيك جامد جدًا لدرجة أنه لا يمكنه حتى النظر في منظور آخر (لا يعني أنك توافق عليه، فقط اعترف به)؟
هل تشعر غالبًا بالإرهاق في المحادثات بسبب التهديدات أو الارتباك أو الغضب؟ هل وجدت نفسك تدخل في وضع دفاعي/وقائي عند التحدث مع الآخرين؟ فكر في كيفية تأثير ذلك على قدرتك على التعاطف.

هل تستمع جيدًا لما يقوله الناس فقط حتى تتمكن من تكوين رأي بشأنه؟ بمعنى آخر، هل تصبح المحادثات لعبة حكم بين شخصين حيث يستمتع المرء بتفكيك التصريحات التي يدلي بها أي من الجانبين أو الرد عندما تتعرض تصريحاته للهجوم؟

هل ترتكب أخطاء يتبين فيما بعد أنها خاطئة؟ هل لديك أي افتراضات حول الأشخاص، ثم تدرك لاحقًا أنها كانت خاطئة؟ هل هناك أي افتراضات لديك اليوم قد يثبت خطأها في المستقبل، ولكنك لا تدرك ذلك؟

والحق يقال، لدينا جميعًا نقاط عمياء في المحادثة؛ هذه مجرد الطبيعة البشرية. ومع ذلك، من خلال الاستعداد لفحصها بأمانة، فإننا نمنح أنفسنا الفرصة لتذكر سبب وجود المحادثة: ليس مجرد التوسع في منظور الفرد الخاص، ولكن بدلاً من ذلك التواصل بفضول محترم لفهم الأشياء من وجهة نظر شخص آخر.

لقد ابتكر البشر اللغة خصيصًا للتواصل عبر الحدود ـ للتوسع إلى ما هو أبعد من إدراكنا الفردي والدخول إلى عوالم الآخرين. إذا لم يكن هذا هو هدفنا، فقد نحدق في أنفسنا أيضًا!
الغوص العميق مستمر ومبكر
على الرغم من أن التحدث مع العائلة والأصدقاء المقربين يمكن أن يؤدي في كثير من الأحيان إلى محادثة غير ملهمة، إلا أنه في بعض الأحيان تحدث اللقاءات الأكثر ثراءً والأكثر أهمية مع أولئك الذين قابلتهم مؤخرًا.

وجد كارداس وإيبلي، اللذان نشرا في مجلة الشخصية وعلم النفس الاجتماعي لعام 2022، أن المحادثات العميقة والهادفة مع الغرباء لها قيمة كبيرة للغاية ـ أكثر مما يتوقع معظم الناس! يعتقد الناس عادة أن هذه الأنواع من الدردشات مع الغرباء ستكون محرجة أو غير سارة؛ ولكن قد لا يكون هذا هو الحال على الإطلاق!

قام الباحثون بربط الأشخاص بشكل عشوائي وأعطوهم موضوعات ـ بما في ذلك المخاوف والأحلام ـ للمناقشة. قبل التحدث، طلبوا من المشاركين التنبؤ بكيفية سير المحادثة؛ قدر معظمهم أن مناقشة مثل هذه القضايا الحساسة قد يكون أمرًا محرجًا أو يصعب على أي شخص آخر الاهتمام به، ولكن بعد الحوار وجدوا أنهم استمتعوا به كثيرًا بالفعل.

لمزيد من دراسة هذا السؤال، تم إجراء دراسة منفصلة أخرى حيث تمت مقارنة موضوعات المحادثات الصغيرة النموذجية مثل التلفزيون والطقس مع مجموعة تناقش أشياء أعمق وذات معنى. عندما تمت مقارنة المجموعتين ببعضهما البعض، اكتشف الباحثون أن كلا المجموعتين بالغت في تقدير مدى صعوبة محادثتهما بينما قللت من أهمية ترابطها. بالغت مجموعة المحادثة العميقة في تقدير الإحراج أكثر من المجموعة السطحية، لكنها شعرت بأنها أكثر ارتباطًا بعد المحادثات من المجموعة السطحية.

إذن ما الذي يمكننا أن نستنتجه من نتائج الأبحاث هذه؟ أولاً وقبل كل شيء، قد يكون من المفيد أن نتذكر أننا نميل إلى المبالغة في مدى صعوبة الأمور عند الانخراط في محادثة صغيرة مع الغرباء؛ قد يفترض الكثيرون أنهم فقراء في مقابلة أشخاص جدد في حين أن هذا قد يكون مجرد خيال يقولونه لأنفسهم. قد يكون الاكتشاف المفاجئ الآخر هو أن الحكمة التقليدية حول الحديث القصير قد لا تنطبق دائمًا؛ قد يكون هناك تفسير آخر في البداية، قد يبدو التواصل مع الأشخاص الذين لا نعرفهم جيدًا أمرًا مخيفًا أو معقدًا؛ في الواقع يمكن أن يكون أسهل وأكثر فائدة من المتوقع.

إذا كانت فكرة الحديث الكبير تخيفك، فلا داعي للذعر: لا داعي لكشف أسرارك العميقة أو تحطيم أي أعراف اجتماعية رئيسية؛ ولكن إذا كانت المواضيع الضحلة تزعجك دائمًا، فامنح نفسك الإذن بمناقشة الموضوعات التي تهمك أكثر وامنح الآخرين الإذن بالتحدث. من خلال أن نكون أكثر أصالة، وإنسانية، وضعيفة (مما يجعلنا أكثر جدارة بالثقة ومحبوبين)، ويمكن التواصل معنا، ويمكن التواصل معنا ـ دون الشعور كما لو أننا بحاجة إلى إخفاء هويتنا الحقيقية أو التظاهر ـ لا يعني "الحديث الكبير" أن نكون محبطين أو مهيمنين بشكل كبير أي محادثة؛ بل يعني أن تكون حقيقيا!

تتضمن الأمثلة البسيطة الإجابة بصدق عندما يسألك شخص ما "مرحبًا، كيف حالك؟" عندما تكون في بيئة يكون فيها هذا السؤال مناسبًا؛ ربما الرد بـ "لا أعرف يا رجل. اليوم يبدو وكأنه أحد تلك الأيام حيث يبدو أن كل شيء يتحرك بسرعة هائلة دون إحراز تقدم بأي حال من الأحوال." تخيل هذا: عند مصفف الشعر الخاص بك، تقول لمصفف الشعر الخاص بك: "لأكون صادقًا، لقد كنت أعاني دائمًا من تدني احترام الذات، لذلك عندما أتيت اليوم للحصول على قصة شعر لم أكن متأكدًا منها؛ لكنك غيرت تصوري تمامًا ـ أنت حقًا مصففة شعر غير عادية وأشكرك!" أو في محطة للحافلات تشاهد أمًا مع طفلين صغيرين نشيطين يمران بها؛ وتقول لأحد رفاقك بجوارك "أليس الأطفال رائعين فحسب؟ من الصعب أن نتخيل أن أيًا منا كان بريئًا إلى هذا الحد".

يمكن للحظة صادقة غير متوقعة أن تجلب البهجة حتى في المواقف الدنيوية. على الرغم من أن الأمر قد يبدو محرجًا في البداية، إلا أن إظهار الاهتمام الحقيقي برفاهية الآخرين يجب أن يصبح جزءًا من روتينك بمرور الوقت.

اعتبرها فرصة ـ غالبًا ما نبالغ في تقدير مدى خطورة أو حرج شيء ما! ـ وتفاجأ بمدى الترحيب بالآخرين عندما تنفتح بطريقة واثقة وهادئة. وفقًا لبحث كارداس وإيبلي، يميل الناس إلى الاعتقاد بأن الآخرين يهتمون بهم أقل مما يهتمون به حقًا، مما يعني أن أكبر عائق أمام التواصل الحقيقي قد يكون افتراضنا بأن الناس لن يقدروا ما نفكر فيه أو نشعر به حقًا.

لذلك، إليك بعض العناصر الأساسية التي يجب وضعها في الاعتبار عند التعامل مع مواضيع أكثر حساسية مع أشخاص لا تعرفهم جيدًا:

تجنب الشكوى. أن تكون أصيلًا يعني الابتعاد عن الحديث السطحي الصغير وأن تكون على طبيعتك بدلاً من ذلك.

غالبًا ما يعني الصدق أن تكون ضعيفًا تجاه الجانب الأقل روعة من الحياة، دون التذمر أو الخوض في سلبياتها. لذا بدلاً من القول: "أوه لا، أنا ضعيف الإنجاز!"، قل: "لقد كافحت مع تدني احترام الذات" بدلاً من ذلك.

لا تجعل مطالب الناس. المشاركة أمر جيد، لكن حاول ألا تظهر ضعفك وانفتاحك كشيء يشعر الآخرون بأنهم مضطرون للرد عليه بطرق معينة. لا أحد يحب أن يواجهه شخص لديه أسرار عميقة ثم يطالبه بمشاركتها أيضًا؛ وبالمثل، إذا رأى الناس أنك تشارك شيئًا شخصيًا فقط لوضع الآخرين في مواقف لم يتفقوا معها مطلقًا، أو للضغط على الآخرين، فقد يبدو هذا تطفلاً وهجومًا.

إبساطة قل شيئًا صادقًا وحقيقيًا دون تجاوز أي حدود ـ دون إعطاء الانطباع بأن حضورك مطلوب أو متوقع!

لا تضغط على أي شخص للإجابة بأي طريقة محددة وإلا سيصبح الموقف محرجًا.

لا تبالغي في ذلك أبدًا. يمكن للقليل أن يقطع شوطًا طويلًا، كما أن تقديم بعض الفكاهة يمكن أن يريح الناس حقًا. قل شيئًا مؤثرًا قبل أن تصبح أكثر مرحًا بعد ذلك ـ في بعض الأحيان تتطلب اللحظات الأكثر تأثيرًا لمسة من الخفة لتحقيق التوازن بينها!

التنبؤ بالقراءات الباردة

القراءة الباردة هي أسلوب سيئ السمعة يستخدمه "الوسطاء" وغيرهم من المشعوذين لإعطاء الجمهور الانطباع بأنهم يعرفون الآخرين أفضل مما يعرفونه بالفعل. يستخدم هذا التكتيك الملاحظة السرية، والاقتراح، والتضليل، والأسئلة التوجيهية، والتخمينات ذات الاحتمالية العالية لجعل الأمر يبدو وكأنك تستطيع قراءة أفكار الجمهور تقريبًا؛ على سبيل المثال، عندما يزعم الوسطاء التلفزيونيون "أرى شخصًا عجوزًا يعاني من

مشاكل في القلب ـ هل يمكنك المساعدة؟" أو قل أشياء مثل، "أعتقد أن شخصًا ما مات مؤخرًا؟ هل يمكنني المساعدة؟"

"يكاد يكون من المؤكد أنه سيكون هناك من بين الجمهور شخص أصيبD هل أسمع اسمًا به حرف" بمرض القلب لدى أحد أحبائه الأكبر سناً، مثل جد بولس بول الذي وافته المنية، لذلك عندما يتكرر هذا التصريح من قبل شخص يقول أنه فقده بسبب أزمة قلبية؛ يميل الوسطاء إلى تجاوز هذا الجزء بسرعة ويزعمون أنهم يستطيعون رؤية ساعة جيب الرجل بدلاً من ذلك، حتى عندما يدّعون قبل ذلك ببساطة أنهم رأوا أشخاصًا أو لم يتم ذكر اسم محدد على الإطلاق.

وكما لاحظت، فإن كل التفاصيل يمكن أن تصبح فرصة لمزيد من التحقيق. انتبه إلى لغة الجسد والمظهر والإيماءات: ربما يستمر شخص ما في قول "نحن" بدلاً من "أنا"، أو أنها ترتدي قلادة على شكل حرف "M" على الرغم من أن اسمها إيلي، أو أن شخصًا ما يقف عندما يجلس الجميع.

القراءات الباردة تتطلب التعاون. على الرغم من أن أولئك الذين يقرؤون ببرود قد لا يشعرون بالمشاركة، إلا أنهم في الواقع يلعبون معًا! في القراءات الباردة، تتم دعوة المشاركين لإجراء اتصالاتهم الخاصة، والمساهمة بالأفكار ومساعدة القارئ على التخمين أو اكتشاف طرق لجعل هذه التخمينات صحيحة ـ وبالتالي شرح سبب عدم نجاح القراءة الباردة في كثير من الأحيان مع الأفراد المتشككين!

بمجرد بدء المحادثة، يمكنك اختبار بعض افتراضاتك، وتحسين علاقاتك، وتقديم رؤية قد تبدو خارقة للطبيعة تقريبًا إذا تم تنفيذها بشكل جيد.

إعادة التوجيه. ومع ذلك، إذا تم القيام بذلك بشكل غير صحيح، فلا ينبغي أن يكون هناك مشكلة؛ كونك إنسانًا يعني أنك سترتكب العديد من الأخطاء التي يتبين أنها خاطئة؛ عندما يحدث هذا، ما عليك سوى هز كتفيك بسرعة والتحرك بعيدًا عنهما كما لو لم يحدث ذلك وركز على ما يحصل على الاستجابة المطلوبة بدلاً من ذلك ـ السحر!

ألقِ نظرة على هذا الحوار العادي حيث تم استخدام أساليب القراءة الباردة في الموعد الأول:

ج: قبل أن نبدأ، اسمحوا لي أن أحذرك: أنا استثنائي في قراءة الناس. ب: حقا؟ ج: نعم ـ نوعًا ما لديك حاسة سادسة عندما يتعلق الأمر بهذا (يظل هادئًا.)

ب: حسنًا... أظهر ذلك. ما هي انطباعاتك الأولى عني حتى الآن؟ على الرغم من أننا تحدثنا لفترة وجيزة فقط، لا تحكم بسرعة كبيرة ...

ج: هل أنت متأكد؟ كما قلت من قبل، يمكن أن تكون دقتي دقيقة بشكل مثير للقلق!

ب: لا تخف. لن يكون هناك أي شيء جديد يمكنك أن تكشفه عني ولا أعرفه.

ج: دعني أبدأ. يبدو أنك شخص ذكي يدرك الحقيقة على حقيقتها؛ ومع ذلك يبقى في داخلك شيء يطلب الاستحسان والثناء.

ب: نعم، قد يكون هذا صحيحًا... لا أستطيع أن أصف نفسي بأني أشتهي أي شيء...

ج: لا، فالاشتهاء كلمة خاطئة؛ ما قصدته بهذا البيان هو أنك لا تحتاج إلى موافقة الناس ولكنك تقدر أفكارهم.

ب: صحيح!
في حين أن هذا المثال قد يبدو مفتعلًا، حيث يبدو أن كلا الطرفين منخرطان في محاولة للقراءة الباردة، فمن وجهة نظر "ب"، يجب أن تبدو ملاحظات "أ" غير متوقعة بالنسبة لها. كيف فعل ذلك؟

وإليك كيف عملت:
سعى بنشاط للتعاون. في هذه الحالة، قال إنه كان جيدًا في قراءة الأشخاص قبل أن يصمت، ثم احتاجت إلى حثه. يمكنك بالمثل الإشارة إلى الشخص الآخر أو إعداد المشهد بقول أشياء مثل، "قد أكون مخطئًا بشأن هذا، لكن هل أنت من النوع الذي...؟" التحذير الخاص بك يسمح أيضًا بالأخطاء المحتملة من كلا الطرفين.

بمجرد لقائهما، تبدأ المحادثة على ما يبدو من العدم، ومع ذلك، فقد أبدى الشخص "أ" بالفعل العديد من الملاحظات قبل هذا الاجتماع المهم. في غضون دقائق قليلة من مقابلتها، لاحظت الشخصية "أ" أنها تستخدم مفردات معقدة بينما تكفي المفردات الأبسط، وترتدي سترة مع قطط صغيرة تؤدي معادلات جبرية؛ مع الإشارة أيضًا إلى محاولتها ارتداء ملابس جميلة لموعدهما. ويتوقع أن هذا الشخص يضع الذكاء في صميم هويته أثناء استخدام مثل هذه التدابير لترك انطباع أول مؤثر عليه و/أو على الآخرين.

لاحظ أنها تسأله عن رأيهم بي بدلاً من "أي نوع من الأشخاص تعتقد أنني؟"، وهو الأمر الذي يؤدي إلى بعض الاحتكاك مع انطباعهم الأولي.
تبدو حريصة على أن يحبها، مما يوحي بأنها استثمرت في تقييمها لها. بعد النظر بعناية في كل هذه القطع معًا، قام بتخميناته: "تبدو ذكيًا جدًا؛ ومع ذلك، لا يزال هناك جزء منك في أعماقك يتوق إلى الاستحسان.

ويضيف "يرى الأشياء على حقيقتها" لأنها قالت سابقًا "أراهن أنك لا تستطيع أن تخبرني بأي شيء لا أعرفه بالفعل عن نفسي". هذا يعني أنها تعتقد أن لديها وعيًا ذاتيًا عاليًا؛ ولكن من خلال قولها المرح "أنا لست خائفًا" وإبداء التعليق "أراهنك"، كانت تخلق تحديًا مرحًا له؛ إنها تريده أن يخمن بشكل صحيح.

ولا يهم إذا كان مخطئا في تقديره للذكاء؛ يحب الجميع اعتبار أنفسهم أذكياء، ويتفق معظمهم مع فكرته القائلة بأن الناس بحاجة إلى موافقة الآخرين. تقدم عبارات بارنوم ادعاءات تبدو محددة ولكنها معممة لدرجة أن الجميع تقريبًا يتفقون معها:

"أنت بشكل عام طيب ورحيم، ومع ذلك، عندما يخالفك شخص ما، يمكنك أن تصبح غاضبًا جدًا" (هنا تغطي جميع القواعد ببساطة عن طريق عدم قول أي شيء)

"أراهن أن منزلك به درج كبير مليء بالخردة!" أو، على الأرجح، كان لديك مشاكل مع أفراد الأسرة في الماضي.

"أنت شخص مثير للاهتمام تمامًا، وتفكر بشكل مختلف عن معظم الأشخاص. (قد يُنظر إلى هذا على أنه محاولة للتملق، ولكن، مرة أخرى، يُقصد به شيء أكثر عمومية...)"

لاحظ الأسطر الأخيرة من الحوار حيث تحتج المرأة على قراءته لها على أنها "تشتهي". إنها في الواقع لا تتفق مع قراءته لها، لكن "ب" تصرف بسرعة كبيرة لتصحيح نفسه لدرجة أنها تعتقد أنه فهم الأمر بشكل صحيح في المرة الأولى! هنا، يتصرف "ب" بسرعة: نظرًا لأنها لم تعجبها ما تعنيه كلمة "الرغبة" (الاحتياج والمصادقة من الآخرين)، فإن "ب" يعيد لها ذلك على الفور: "لا، الرغبة هي الكلمة الخاطئة ـ ما أعنيه هو أنك لا تفعل ذلك". أنت بحاجة إلى موافقة الناس ولكن لا تطلبها من الآخرين ـ ما أعنيه هو أنك لا تحتاج إلى موافقة الناس ـ وهذا ما أعنيه بالضبط." رد لها ذلك على الفور:
هل نقدر ذلك. إنه يتصرف كما لو أنه لم يرتكب أي أخطاء ولكن بدلاً من ذلك أسيء فهمه ـ وقد نجح الأمر.

تعتبر تقنيات القراءة الباردة التي يستخدمها الشخص "أ" فعالة. تجمع القراءة الباردة ملاحظاتك في تخمين أو فرضية مدروسة وتطرحها هناك لمعرفة ما سيأتي ـ قد تعمل التخمينات ذات الاحتمالية العالية ذات الحلقات المفتوحة بشكل جيد هنا بشكل خاص؛ انتبه لكل ما يقوله الشخص الآخر حتى تتمكن من جمع ما يقوله في ذهنك قبل مشاركته لاحقًا، مما يجعل الشخص الآخر يشعر بأنه مرئي ومفهوم من خلال تقنيات القراءة الخاصة بك.

تعتمد القراءة الباردة في المحادثات بشكل كبير على الاستماع اليقظ، حيث أن تركيزك يخلق الحميمية. على الرغم من أنهم ليسوا وسطاء نفسيين، إلا أن المتحدثين الجيدين يلتزمون بأن يكونوا شديدي الوعي بكل ما يحدث مع شخص آخر ـ في مجتمعنا النرجسي، يمكن اعتبار هذا أمرًا نفسيًا! تذكر أن العلاقة الحميمة والتواصل هي أهدافك، واجعل الأمور دافئة ومرحة حتى يلعب الشخص الآخر دوره ويسمح لك بالتعارف بشكل أفضل. حتى لو كانت دقة قراءتك أقل من التوقعات، فإن عوامل النجاح الرئيسية هنا تشمل الترفيه عنهم، وتهدئتهم، وإظهار مدى اهتمامك بهم ـ ما عليك سوى الانتباه والاقتراب!

التوقيت هو كل شيء، وفي بعض الأحيان، يكون مفتاح إجراء محادثة مذهلة هو معرفة الوقت المناسب لإنهائها. هل سبق لك أن وجدت نفسك عالقًا في محادثة غير سارة وتمنيت بشدة أن تنتهي هذه المحادثة؟ هل أرادوا الخروج أيضًا؟

شرع آدم ماسترويانى وزملاؤه في الإجابة على هذا السؤال في مقالهم الصادر في عام 2021 بعنوان "العلوم النفسية والمعرفية": ماذا لو أصبحت جميع المحادثات أفخاخًا لأننا نعتقد أن الشخص الآخر يريد منا أن نستمر؟ في هذه الدراسة، تم تحليل 932 محادثة من قبل المشاركين لمدة تصل إلى 45 دقيقة من الحوار الحر قبل سؤالهم متى اكتفوا. في وقت لاحق سُئلوا متى سيكون من الأنسب الانتهاء.
لم يتمكن أحد من معرفة متى أراد شريك المحادثة أن ينتهي، لذلك ترك كل منهم يحاول التخمين متى يجب أن يتوقف حديثهم.

وكشفت النتائج أن المحادثات في كثير من الأحيان لا تنتهي عندما يريدها الطرفان! أفاد 2% فقط أن المحادثات تنتهي عندما يريدون ذلك. وأراد ما يقرب من 70% منهم أن يكون أقصر، وأراد معظمهم تقليله بمقدار النصف على الأقل. اكتشف الباحثون هذه الظاهرة.

نادرًا ما تنتهي المحادثات في الوقت المطلوب لكلا المتحدثين، أو حتى لشخص واحد، وكان متوسط التناقض بين الفترات المطلوبة والفعلية حوالي النصف. نادرًا ما يعرف المشاركون متى أرادوا أن تنتهي هذه الرغبات، وقللوا من تقدير مدى اختلاف تلك الرغبات عن رغباتهم. تشير هذه الدراسات إلى أن إنهاء المحادثات هي مشكلة تنسيق مستعصية لا يستطيع البشر التغلب عليها ببساطة لأنها تتطلب مشاركة المعلومات الحساسة فيما بينهم ـ مما يؤدي إلى إنهاء معظم المحادثات بشكل مفاجئ دون رغبة أي شخص في ذلك.

إذن ما الذي يحدث هنا؟ ويرى الباحثون أن الناس يصبحون محاصرين في مثل هذه المحادثات بسبب ميلنا إلى إخفاء مشاعرنا الحقيقية، على أمل عدم الإساءة إلى الشخص الآخر من خلال إظهار مشاعرنا الحقيقية. على سبيل المثال، قد نفكر في أنفسنا، "يا إلهي، يجب أن ينتهي هذا الآن،" بينما نبدو ظاهريًا مهذبين بقول أشياء مثل، "أوه؟ كم هو مثير للاهتمام! أخبرني المزيد." لا عجب أننا جميعًا نواجه صعوبة في التنبؤ عندما يريد الآخرون منا أن نتوقف عن الحديث ـ لأننا في كثير من الأحيان نخفي ذلك جيدًا!

وجد الباحثون أن 64% من الأفراد قاموا بتخمينات غير صحيحة فيما يتعلق برغبات الآخرين، في كلا الاتجاهين. كيف يجب أن نرد؟ يميل الناس إلى الاستماع بمحادثات أقصر. حتى عندما تكون مخطوبًا، خذ الأمر على محمل الجد أنك قد لا تعرف أبدًا ما يشعر به الشخص الآخر لأنه من المحتمل ألا يرسل إشارات في أي من الاتجاهين.

كن آمنًا بإنهاء المحادثة عندما يبدو ذلك مناسبًا، بدلاً من الاستمرار في الحديث عندما تشعر أنها يجب أن تنتهي. يمكن أن تساعد النهاية المبكرة في إنشاء نهاية أقوى وأكثر إنتاجية، مما يجعل كلا الطرفين متشوقين لمزيد من المناقشة في المحادثات المستقبلية! والخروج بشكل إيجابي يمكن أن يجعل كلاهما يشعر بالرغبة في مزيد من الحوار في المناقشات المستقبلية!
لا تقل كل شيء عند مقابلة الناس. اترك بعض الأشياء دون أن تقال، مما يخلق بعض التوتر، وقد تسمح لشخص ما بالخروج من الخطاف!

عندما يتعلق الأمر بإنهاء المحادثات، فإن الهدوء والثقة هما المفتاحان.

كلما كنت أكثر ثباتًا واسترخاءً، كلما كانت الأمور أكثر سلاسة.

الخطوة 1: انتظر اللحظة المناسبة. استمع لأية لحظات انتهى فيها موضوع واحد من المحادثة ولكن لم يكتسب آخر سرعته بعد، أو عندما لم يظهر شيء مثير للاهتمام في المحادثة بعد. لا تقاطع أو تجبر أي شيء؛ بدلاً من ذلك، انتظر حتى تتلاشى المحادثة بشكل طبيعي من تلقاء نفسها وتنتهي عندما يحين الوقت المناسب لإنهائها.

الخطوة 2: ابدأ بملاحظة متفائلة. افترض نبرة متفائلة من خلال تقديم الثناء الذي يختتم محادثتك ويلخصها، مثل قول مدى استمتاعك بالحديث أو شيء جديد تعلمته منه ـ وإلا فإن إنهاء حتى المناقشة غير الناجحة قد يبدو وكأنه الرفض.

الخطوة 3: اصنع عذرًا. لا يلزم أن يكون هذا طويلًا أو معقدًا؛ قم ببساطة بتوصيل أن هناك سببًا بديلاً لإنهاء الحوار غير "لقد سئمت منك الآن". وهذا يدل على المجاملة واللباقة من كلا الجانبين.

الخطوة 4: فك الارتباط بقوة. بمجرد الإشارة إلى رغبتك في إنهاء المحادثة، اتخذ إجراءً حاسماً ـ فالانتظار لن يؤدي إلا إلى جعل الأمور محرجة أو وضع الآخرين على حافة الهاوية. اتخذ إجراءً مفاجئًا بعيدًا عن ذلك الشخص بينما تظل ودودًا ودافئًا ومنفتحًا ـ فقط تذكر أن تبتسم أثناء القيام بذلك.

لنفترض أن شخصًا ما يلخص إحدى الحكايات من خلال شرح "وهكذا انتهى بنا الأمر إلى اختيار هذا الاسم لابنتنا!" وترد بـ "رائع. ومع ذلك، أعتقد أنك اخترت بحكمة. ريبيكا اسم أنيق." ثم تقفان هناك وتومئان وتبتسمان لبعض الوقت حتى يدرك أحدكما أو كلاكما أن الوقت قد حان للمغادرة؛ وبعدها يصبح من الضروري أن يتكلم شخص آخر؛ إما أن تبدأ المحادثة سريعًا أو تنهيها باقتراح "لقد كانت محادثة رائعة حقًا، في نهاية هذا PTA دائمًا ما أنسى مدى متعة محادثاتنا! ولكن ربما يمكننا أن نلتقي لاحقًا؛ ربما في اجتماع الأسبوع؟" إنهم يحتاجون فقط إلى الابتسامة والرد بـ "بالطبع!" ويذهبون قبل أن يغادر أي شخص ـ لا توجد هناك مشكلة!

دعونا نختتم كتابنا من حيث بدأ: بمفهوم السحر. ماذا يعني السحر بالضبط؟ كما رأينا، الكثير منا يفشل في أن يكون ساحرًا، وذلك ببساطة بسبب وجود فهم غير صحيح لما يستلزمه كونك ساحرًا؛ على سبيل المثال، التفكير في الكاريزما والسحر يعني أشياء مختلفة تمامًا.

في اللحظة المناسبة، نقول ما هو ضروري، مضحك أو بارع.

نحن مثقفون ونثير إعجاب الآخرين بأفكارنا وآرائنا الرائعة.

نحن نبدو واثقين وجذابين وجذابين. نحن نقدم الترفيه.

لكن أي "عبقري محادثة" لن يوافق على ذلك. بدلاً من ذلك، سيخبرونك أن ما يجعل الشخص ساحرًا هو قدرته على الاستماع والحضور والفضول المرح ـ لا شيء آخر يهم عندما يتعلق الأمر بإجراء محادثة! ومع ذلك يمكن أن يكون الأمر صعبًا ...

لا حاجة للظهور بمظهر أنيق أو بمظهر رائع وواثق من نفسه ـ فهناك بالفعل عدد كافٍ من الأشخاص الذين يعبرون عن آرائهم ويعبرون عنها في كل مكان؛ ما عليك سوى إلقاء نظرة على أي موقع تواصل اجتماعي أو قناة إخبارية أو كتاب أو مجلة ومشاهدة التلفزيون ـ فالناس في كل مكان يحاولون أن يكونوا مسليين أو مثيرين للاهتمام أو مثيرين للاهتمام... ومن يهتم!

الأشخاص الذين نميل إلى تقديرهم أكثر هم الأشخاص الذين نشعر أنه يمكننا بناء علاقات حقيقية ودافئة ومثيرة معهم. اي شخص يستطيع فعله؛ كل ما يتطلبه الأمر هو بعض الحيل المنطقية، وتعديل عقلية الفرد إتدريجيًا... والممارسة

الاستماع النشط يعد الاستماع النشط أحد أقوى مهارات المحادثة التي يمكنك امتلاكها، لأنه يبني الاحترام والاهتمام لوجهات نظر الآخرين بينما يجعل معالجة المعلومات المعقدة أسهل من خلال الاستماع السلبي. يعمل الاستماع النشط أيضًا على تبسيط التواصل من خلال مساعدتك على فهم احتياجات بعضكما البعض ـ وهذا يؤدي إلى قدر أقل من الحذر في الاستجابات حيث تكتسب نظرة ثاقبة حول من يحتاج إلى ماذا.

وفي الوقت نفسه، يجب علينا أن ننحي غرورنا جانبًا لكي نستمع حقًا ونفهم ما يقوله لنا شخص آخر. تعمل عملية الاستماع النشط هذه على إشراك أجزاء متعددة من أذهاننا في فهم ما يتم توصيله إلينا. يعتبر المعالجون أمثلة ممتازة للاستماع النشط. إنهم يستمعون بعناية وبهدف واضح عند الاستماع إلى عملائهم، ويشجعونهم على أن يكونوا منفتحين وواضحين عندما يبدو أن ما يسمعونه غير واضح أو غير مؤكد.

يستخدم المعالجون تقنيات إعادة الصياغة والتوضيح، ويطلبون من مرضاهم توضيح الأمر. هدفهم الرئيسي هو جعل العملاء يشعرون بالراحة أثناء التواصل من خلال التأمل ولغة الجسد الواضحة والروح التعاطفية ـ هذه العوامل تدفع المتخصصين في العلاج إلى الأمام! كمستمعين محترفين، هدفهم واضح ـ الاستماع إلى العملاء. هل يمكننا أن نقول الشيء نفسه عن أنفسنا عندما نستمع للآخرين؟

يتضمن الاستماع الفعال العديد من الاستجابات والاستفسارات المحددة التي يمكنك تنفيذها فورًا في تفاعلاتك مع المتحدثين، وكلها مصممة للتأكد من أنهم يشعرون أنك تشاركهم مشاعرهم وأنهم على نفس المستوى العاطفي. وإلا، ما فائدة الاستماع إذا كان كل ما يفعله هو البقاء داخل رأسك بدلاً من إيصاله إليهم مرة أخرى؟

الاستماع الفعال يبدأ بالفهم؛ لذلك، يجب أن تكون الخطوة الأولى هي فهم ما يقوله لنا شخص آخر في خطابه. إذا كانوا يتحدثون نفس اللغة التي نتحدث بها، فيجب أن تتم هذه العملية بسرعة إلى حد ما ودون عناء.

قد تكون هناك أيضًا عقبات أخرى: على سبيل المثال، استخدام لغة أو لغة عامية غير مألوفة؛ الاختلافات في وضع الأجيال أو الثقافة التي لا نفهمها بالكامل؛ أو أن يكون لديك توافق عاطفي حتى تتمكن من التأكد من احتياجاتهم ورغباتهم في تلك اللحظة المحددة. لكي تكون أكثر فاعلية، تأكد من أنك على مستوى عاطفي متساوٍ مع المتحدث قبل بدء المحادثة.

إذا لم نفهم ما يقوله شخص ما، فإن الطريقة الممتازة للحصول على الوضوح هي أن نسأله "هل يمكنك شرح ذلك كما لو كنت في الخامسة من عمري؟" يمكن للطفل البالغ من العمر خمس سنوات إجراء محادثات ولكنه يحتاج إلى شرح سيناريوهات أكثر تعقيدًا ببطء باستخدام الكلمات التي يفهمها بالفعل. إن مطالبتهم بوصف الأشياء كما لو كنت أصغر سنًا بكثير يمكن أن يساعد في تخفيف مخاوفهم من الظهور بمظهر المتعالي أو المتعالي.

عبارات أخرى قد تحتاج إلى مساعدة في فهمها:

"ماذا حدث؟" "تقول لي قصتك." "ماذا تقصد؟" "عرف نفسك." "هل يمكنك توضيح هذا الجزء بالنسبة لي؟"

لا تخف من الظهور بمظهر غير مفهوم أو المقاطعة. يحب معظم الناس أن يشعروا أنهم يعرفون الإجابة؛ نحن جميعًا نمتلك خبراء من تجاربنا الخاصة. في الواقع، أحيانًا ما يكون الصراحة بشأن أي سوء فهم قد تواجهه قد يساعد في تقوية العلاقات ويعلمنا دروسًا جديدة! قد يكون من المفيد أيضًا أن تضع هذا في الاعتبار كفرصة للاستماع باهتمام أكبر حتى تتمكن من التعلم!

الاحتفاظ. إن الاحتفاظ بالمعلومات يعني أكثر من مجرد تذكر ما قيل للتو؛ بل يعني الاستماع بعناية إلى ما يحاول المتحدث إيصاله حتى نتمكن من الاستجابة بفعالية. أنت تبحث عن القصة بأكملها هنا بما يتجاوز الحقائق أو الأحداث البسيطة ـ فوضع نفسك في مكانهم قدر الإمكان من خلال طرح الأسئلة ذات الصلة هو أمر أساسي هنا.

عندما نستمع، غالبًا ما تميل عقولنا إلى الاحتفاظ بالتفاصيل التي لها صدى شخصي أكبر أو التي تتناسب مع الطرق التي اعتدنا بها على تذكر المعلومات. لكن هذا النهج في الاستماع قد يكون مضللا في محاولة أن نصبح مستمعين أفضل.

على سبيل المثال: إذا أخبرنا شخص ما عن تاريخ ذهب إليه، فقد نتذكر تفاصيل محددة من هذا الحدث (ما هو المطعم أو صالة السينما التي ذهب إليها؛ وما إذا كان هناك طعام أم لا)؛ أو يمكننا أن نتذكر روايات أكثر عمومية (ما هي الشخصية التي كان يتمتع بها الآخر، وكيف "شعر"، وما مدى تشابهها أو اختلافها مع التواريخ السابقة).

قد نلتقط، دون وعي، أجزاء من الروايات التي يتردد صداها معنا، ونبني نسخة بديلة لأنفسنا داخليًا. ربما تكون قد واجهت هذا الأمر بشكل مباشر؛ عند مشاركة شيء ما مع شخص ما ويتمسك بجانب لم يكن جزءًا من خطتك. إنها بالتأكيد طريقة فعالة "للاستماع دون الاستماع".

يمكن أن تصبح المحادثة في كثير من الأحيان من جانب واحد حيث يحاول كل طرف إيجاد طرق للتعبير عن رأيه والتعبير عن آرائه. في حين أن هذا أمر طبيعي ومتوقع، إلا أن الاستماع الفعال يتطلب منا أن نضع غرورنا جانبًا ونركز على سماع ما يقوله الشخص الآخر بشكل مباشر ـ وليس تفسير كلماته من خلال عدستك، بل كلماته وحدها.

يمكن أن تكون الأسئلة طريقة ممتازة لتأطير الأشياء والحفاظ على التركيز على كلمات وأفكار الآخرين. للتأكد من حصولك على جميع البيانات الضرورية، حاول طرح السؤال التالي:

"ماذا يعني ذلك بالنسبة لك؟"

فقط لنكون واضحين، ماذا حدث بعد ذلك؟" "انتظر، كيف تعاملت مع ذلك؟" "كيف يتناسب هذا مع القصة؟""
""كيف يمكن أن تجعلك تشعر؟" و"ماذا كان رد فعلك؟

الرد. يتطلب الاستماع الفعال مشاركة نشطة من المستمعين الذين يحاولون الاستجابة بطريقة ذكية ومناسبة؛
وإلا فقد يجد المتحدثون أنفسهم يتحدثون في فراغ فارغ. وعلى عكس ما قد يعتقده البعض، فإن الاستماع ليس
شيئًا سلبيًا! تُظهر الاستجابة المناسبة اهتمامنا بما يناقشه شريكنا في المحادثة.

بافتراض أنك تستمع بشكل فعال إلى المعلومات المقدمة لك وتفهمها وتحتفظ بها؛ تقديم الرد المناسب يوضح
فهمك. تخيل أنك تتحدث إلى شخص ما ولا تعرف ما إذا كان يفهم اللغة التي تتحدث بها أم لا. ولا تظهر عليه
أي مؤشرات على الفهم؛ هل تشعر أنك سمعت؟ ولهذا السبب ينبغي تقديم الرد.

كما هو الحال مع الاحتفاظ، من المهم ألا تعكس ردودنا غرورنا أو أفكارنا؛ يجب عليك تجنب الإجابة بطرق
توحي بأنك تحاول توجيه المحادثة أو التلاعب بها أو تفسيرها بطرق تناسبك أو دفع أجندة من أي نوع. بدلًا
من ذلك، حاول أن تكتسب فهمًا لمشاعر الآخرين وآرائهم دون تحيز تجاه تطورك؛ كن موضوعيا عند الرد.

المتحدث ج: نعم، ولهذا السبب لا أستمتع بحضور حفلات العشاء.

المستجيب ب: هذا يبدو مجنونا! هل صدمتك أو أزعجتك عندما خرج الرجل منفجرًا من الكعكة؟

المتحدث أ: ليس مرهقًا بقدر خيبة الأمل؛ كنت أتوقع شيئًا أكثر تعقيدًا من رابطة الاعتدال. المجيب ب: لا بد
أنه اختبر صبرك كثيرًا؟

المتحدث أ: لقد أظهر بعض التحسينات؛ علاوة على ذلك، فقد أظهر لي أهمية وضع حدود لميزانية الترفيه
الخاصة بي.
يجب أن تعكس الإجابات في الاستماع النشط ما قاله المتحدث. يجب أن يظهروا اهتمامًا عميقًا بأفكار شريكك
وعواطفه بدلاً من تقديم آرائنا أو وجهات نظرنا الخاصة؛ تساعد الاستجابات الجيدة في الاستماع النشط كلا
الطرفين على اكتشاف أنفسهما بشكل كامل.

قم بالرد على أفكار شريكك ومشاعره بدلاً من حقائقه ـ فإعادة ذكر ما قاله يمكن أن يكون كافيًا في كثير من
الأحيان للرد بفعالية. افعل ذلك من خلال إعادة صياغة ما قيل باستخدام كلماتك الخاصة. حاول البقاء ضمن
وجهة نظرهم عند الرد؛ إن إضافة اقتراحات أو أفكار ليس لها أي تأثير على ظروفهم الحالية قد يكون مشتتًا
للغاية أو مفاجئًا بالنسبة لهم. أخيرًا، حاول ألا تقدم آراء تتناقض أو تتعارض مع ما يقوله لك شريكك إلا بعد
الفهم الكامل لكل ما ينقله شريكك؛ وحتى ذلك الحين، احتفظ بالأحكام القوية بعيدًا.

يمكن أن تشمل الاستجابات الإيجابية للاستماع النشط ما يلي:

قصتك تثير اهتمامي"

"______ يبدو أن هذا هو الوضع".

"وأنا أفهم مشاعرك.

"أستطيع أن أشعر أنك تشعر بأن هناك شيئًا ما يحتاج إلى التغيير؛ ما الذي ترغب في رؤيته يحدث؟"

"هل تشعر أنك بخير في هذه الحالة؟"

يستلزم الاستماع النشط محاولة الفهم الكامل واستيعاب وجهة نظر أو تجربة حياة المتحدثين، وتطبيق تلك المعلومات بطريقة بناءة قد تؤدي إلى مزيد من المعرفة أو البصيرة. تريد أن تظهر للآخرين أنك تفهم عالمهم من وجهة نظرهم؛ وللقيام بذلك بنجاح، استخدم واحدًا أو أكثر من هذه التقنيات:

يمكن أن تكون إعادة صياغة أو إعادة صياغة مشاعر شريكك بكلماتك الخاصة طريقة ممتازة لتعزيز التفاهم. لا تكرر ما قالوه ببساطة؛ أظهر أنك تفهم ما تم التعبير عنه من خلال إظهار أنك تفهم جوهره - يمكن أن يكون هذا بمثابة شكل من أشكال الاستجابة للدعم!
وكما ناقشنا سابقًا، سيُظهر هذا وعيك والتزامك. إذا اكتشفوا أي تناقضات بين ما قلته وتوقعاتهم وفهمك، فمن المرجح أن يقوموا بتصحيحك بسرعة وبشكل علني.

لقد غمرني هذا الموقف وأخافني.

أنت: لا بد أن هذا كان بمثابة موقف مخيف للغاية؛ لا بد أنه كان من الصعب معرفة أفضل السبل للرد.

انعكاس. إحدى الطرق الجديدة لإعادة الصياغة هي أن تبني إجابتك على المشاعر بدلاً من الأحداث أو نقاط القصة. يوفر التفكير للمستمع الثقة التي يعلمها أنك تفهم قصته بشكل أفضل من خلال إظهار أنه يمكنك الوصول إلى مشاعره مباشرة؛ اسألهم مباشرة ما هي المشاعر التي تحرك داخلهم!

أخبرني والدي طوال الوقت أنني لن أدخل تلك الكلية.

أنت: هذا يبدو فظيعًا ويبدو وكأنه فعل رفض. يعد التلخيص المتعمد خيارًا آخر للمساعدة في شرح رواية المتحدث بشكل كامل.

إعادة الصياغة بشكل موجز وسهل الوصول إليه يعرض فهمك للموقف بأكمله يمكن أن يكون مثل إعادة الصياغة؛ ولكن بدلاً من ذلك يجب أن تهدف إلى الحصول على نظرة عامة أوسع. إعادة الصياغة تشبه إعادة الصياغة، ولكن يجب أن توفر المزيد من الاختبار للفهم نظرًا لأنه ربما تم ذكر العديد من النقاط والحجج بينما قد تكون قد فقدت مسار المشاعر الأساسية أو الإجراء أو الغرض.

هل أنت: هل أخطأ الخباز في طلبك، وتم حرق العشاء وأرسلوا منومًا مغناطيسيًا بدلاً من مهرج لحفلة عيد ميلاد طفلك؟ بالتأكيد سأشعر بالغضب!

تسمية العواطف. في كثير من الأحيان، عند التحدث إلى شخص آخر، ينشغل المتحدثون بالتفاصيل المادية لما يناقشونه معك. حاول أن تكون حساسًا بينما تحاول التعرف على أي مشاعر لم يتمكن من التعبير عنها بعد. لا ينبغي أن يكون القيام بذلك صعبًا ـ ما عليك سوى التعبير عن المشاعر الإيجابية أو السلبية عند الضرورة ـ ولكن تصنيف مشاعر شخص ما بدقة سيجعلك تبدو مثل الوسطاء؛ فقط تأكد من عدم المبالغة في الأمر أو إدخال أفكار شخصية في الأمر.

لقد اعتذر مديري بشدة عن إهماله في إيلاء المزيد من الاهتمام لعملي، وأكد لي أنه من الآن فصاعدا سيعطيه اهتمامه الكامل.

أنت: واو، لا بد أن هذا يجعلك تشعر بالارتياح والقوة، وربما حتى بالقليل من الغطرسة؟ التحقيق. للحصول على فهم ومعنى أكبر من أولئك الذين تتحدث معهم، اطرح أسئلة إرشادية من شأنها استخلاص مستويات أعمق من البصيرة والفهم منهم. يستمتع معظم الأشخاص بالإجابة على استفساراتك جيدة الصياغة وغير المتهورة عند التحقيق مع شخص ما. من خلال تخمين ما يشعر به الناس، وردود أفعالهم ورغباتهم، أو ببساطة الحفاظ على قطار أفكارهم يتحرك معًا ـ يُظهر التنبؤ مدى التزامك بينما يسير في الوقت نفسه مع قطار أفكارهم ـ يمكن للتنبؤ أن يُظهر اهتمامك العميق برفاهتهم ورغبتك في التجربة عواطفهم معهم

كيف كان الأمر عندما قامت تلك المرأة بتوبيخ طفلك في السوبر ماركت؟ وكيف كنت تخطط للرد؟

الصمت. في بعض الأحيان يمكن للصمت أن يقول الكثير ببلاغة أكبر من الكلمات. يتيح الصمت لكل مشارك نافذة صغيرة من الوقت للتأمل وجمع أنفسهم وأفكارهم، بينما يساعد أيضًا في تقليل التوتر الناجم عن التفاعل المكثف أو غير المثمر.

هم: كان ذلك عندما قررت أن القفز بالمظلات ليس هو كوب الشاي المفضل لدي ـ خاصة عندما يتعلق الأمر بالعمل.

نفسك:
عدم الوعظ أو تقديم النصائح غير المرغوب فيها أو تقديم تطمينات غير ضرورية. لا احد

لا أحد يستمتع بوضعه في المركز الثاني، الأمر الذي قد يجعل المتحدثين يشعرون كما لو أنهم بحاجة إلى إغلاق المزيد من المناقشة.

هم: والأسوأ من ذلك كله، أنه لا يستطيع أن يتذكر ترك مقعد المرحاض.

انتقادك: بالنظر إلى الماضي، كان خطأك هو السماح له بالدخول إلى حمامك في المقام الأول.

نصيحة غير مطلوبة: من الحكمة أن تغلقي الحمام حتى يقبل طلباتك.

أؤكد لك بشكل مطمئن: لا تقلق بشأن ذلك؛ الغد يحمل فرصا مذهلة.

طرح الأسئلة بشكل قيادي ومنفتح لإثبات اهتمامك برفاهية شريكك، اطرح استفسارات غير ثنائية حول تجربته. من خلال القيام بذلك، فإنه يظهر أنك حريص على المساهمة مع البقاء أكثر من مجرد موجه نحو الحقائق فيما يتعلق بالمواقف المطروحة.

بعد أن أنفقت المئات على تذاكر ورسوم وقوف السيارات، أدركت أن مواقف السيارات الموازية ستحتاج إلى المزيد من العمل من جانبنا.

كيف يؤثر ذلك عليك: كيف تتأثر مشاعرك به؟ ما هي الخطط التي لديك للتعلم، وأين تخطط للقيام بذلك، وما هي النتائج التي تتوقعها من القيام بذلك؟

يتطلب الاستماع الفعال بعض التفاني والممارسة الجادة ـ حتى بالنسبة للأشخاص الذين يعتبرون أنفسهم خبراء في ذلك! لكن مكافآتها يمكن أن تكون عميقة: الفهم الحقيقي، وتدفق المعلومات بشكل أسهل، وزيادة الاحترام هي مجرد فوائد قليلة يمكن الحصول عليها من ممارستها بانتظام. من خلال الاستماع النشط، نحاول تطوير عادة إدراك مشاعر الآخرين أثناء قمع مشاعرنا.

يطلق على
نحن جميعًا نعرف هؤلاء الذين يعرفون كل شيء المزعجين؛ هؤلاء الأفراد "الصحيحون تقنيًا" الذين يتفاخرون أو يتباهون. لكن كيمياء المحادثة الجيدة لا تعتمد على الحقائق المثيرة للإعجاب وحدها؛ بل إنها تتشكل بين الأشخاص بناءً على الخبرة العاطفية وليس فقط على المحتوى الذي يتم تبادله.

الكشف عن الذات يمكن أن يساعد الأشخاص الذين يحبونك أكثر. يشير الإفصاح عن الذات إلى الكشف عن معلومات عن نفسك مما يزيد من اهتمام الآخرين بك واستثمارهم العاطفي، مما يجعل الناس أقرب وأكثر انفتاحًا بشأن مشاركة أنفسهم نتيجة لذلك. إن الكشف عن الذات ينجح لأنه يجعلك تبدو كإنسان ثلاثي الأبعاد يمكن للآخرين التواصل معه والشعور بالراحة حوله؛ عندما يكشف الآخرون عن أنفسهم أيضًا ـ وهذه هي الطريقة التي تبدأ بها الاتصالات الحقيقية.

شهدت هذا من قبل؟ ربما. ربما كانت علاقتكما غير رسمية في أحسن الأحوال، لكنها أخذت فجأة في دوامة تصاعدية عندما اتخذ أحد الطرفين أو كليهما خطوات للكشف عن نفسه عاطفيًا والانفتاح أكثر ـ لكن هذا لا يحدث عادةً على الفور؛ لذلك، كما هو الحال في المبدأ الأول للعمل، يحتاج شخص ما إلى بدء هذا التغيير من خلال القيام بالخطوة الأولى وبدء التغيير بنفسه.
من خلال مشاركة المعلومات الخاصة بك لتشجيع الآخرين على الكشف عن أنفسهم بحرية أكبر، قد تزيد من احتمال قيامهم بذلك بأنفسهم.

لسوء الحظ، تواجه مرة أخرى مسؤولية خلق الإعجاب بين زملائك.

مشاركة المزيد

الآن هو الوقت الذي قد يكون من الصعب فيه تحديد المعلومات التي يجب الكشف عنها عن نفسك، بدءًا من المعلومات الكثيرة التي يمكن أن تنفر الناس إلى المعلومات المفيدة والخاصة التي تزيد من الإعجاب (على سبيل المثال: إخفاء بعض الأشياء). يميل الناس إلى الخطأ في الظهور بمظهر غامض وواثق (تذكر "الرجل الرائع") عندما يتعلق الأمر بمشاركة المزيد.

على الرغم من أن هذا قد يبدو مفاجئًا، إلا أن المزيد من المعلومات التي تكشفها عادةً ما تكون أفضل بالنسبة الكثير من المعلومات) يمكن أن يزيد في الواقع من الإعجاب لأن هذه هي الطريقة التي يتواصل (TMI. لك بها الأصدقاء؛ إن الإفراط في المشاركة دون خجل أو تثبيط يُنظر إليه في الواقع على أنه علامة على التقارب والثقة والألفة بين شخصين؛ في الواقع، هناك نصيحة قديمة تقترح التصرف وكأن شخصًا ما هو صديقك بالفعل من أجل إقامة علاقات جديدة ـ وبهذه الطريقة نبتعد عن الحذر والرقابة الذاتية ونصبح أنفسنا بينما انكشف عن أنفسنا الحقيقية مع إخفاء تلك العيوب!

فلا يزال هذا أفضل من عدم الكشف عن أي شيء على TMI، لذلك، حتى لو شعرت أنك تدخل منطقة الإطلاق ـ طالما يتذكرك الناس كشخص حقيقي وغير عادي وجدير بالملاحظة ـ وبعبارة أخرى، الإنسان أفضل من الكمال!

التنشئة الاجتماعية يمكن أن تكون مخيفة. هناك دائمًا خوف، سواء كان حقيقيًا أو متصورًا، من أن يتم الحكم عليك أو رفضه. قد نبني جدرانًا حول أنفسنا عن غير قصد ردًا على هذا القلق؛ عدم الرغبة في أن تبدو عاطفيًا أو ضعيفًا جدًا ـ ومع ذلك فإن التقليل من المشاركة يقدمك على أنك خجول وليس واثقًا، تاركًا نسخة غير ملهمة من نفسك والتي ينساها الناس بسهولة ـ وهو أمر يجده الكثيرون مكروهًا بالنسبة لأولئك الأشخاص الذين تظل شخصيتهم عامة ولطيفة للغاية على الرغم من المظاهر الأولية؛ ربما اكتشفوا أن شخصيتك بأكملها لم تظهر بشكل كامل؟
المعلومات الدقيقة) لقاءات و/أو آراء جنسية تعتبر مثيرة للجدل (TMI شارك ما يدور في ذهنك. قد تتضمن من قبل المجتمع ككل؛ على الرغم من أن المحادثة المهذبة لا تسمح بهذه المواضيع، إلا أن الصداقات الوثيقة غالبًا ما تنتهك هذه القاعدة، وبالتالي فإن الإفراط في مشاركة المعلومات التي لا تشاركها عادةً يمكن أن يعطي تأثيرًا أكبر ويبني إعجاب الناس. بمجرد أن يتفق شخص ما مع وجهة نظرك ويبدو منفتحًا على مصادقتك مرة أخرى، يمكن أن يفتح الباب على مصراعيه إذا جاز التعبير.

بمجرد أن تكشف المزيد عن نفسك للآخرين، يتم إنشاء المزيد من نقاط الاتصال بينك وبينهم. إن الكشف عن الأشياء التي تحبها أو لا تحبها يسمح للآخرين بالتواصل وقد يخلق فرصًا لتكوين اتصالات تعتمد على أوجه التشابه أو الاختلاف بين بعضهم البعض. بمجرد أن تكشف عن التفضيلات، والآراء، والحب، والكراهية، والإعجاب، والحساسيات، والذكريات، والعواطف، والأفكار، والحكايات، وما إلى ذلك إذا بدت أكثر من اللازم، فاسخر من نفسك من خلال السخرية من نفسك أو الكشف عن سر محرج أو من خلال مشاركة شيء فاحش ولكن بشكل عام رأي أو ذكرى غير ضارة...إذا كنت تستهدف شخصًا ما، فيجب أن تكون أنت دائمًا بهذه الطريقة!

تخيل نفسك في حفلة تقابل أشخاصًا لا تعرفهم جيدًا لأول مرة؛ عادة ما يكون هذا أمرًا شاقًا ويسبب مشاعر الإحراج والرفض من هؤلاء الغرباء. ومع ذلك، باستخدام النصائح الواردة في هذا الكتاب، يمكنك استخدام

قصص عن صيد الأسماك والرسوم المتحركة والحياكة ـ وهي هوايات تبدو غير مرتبطة ـ كبداية للمحادثة لمشاركة المزيد عن نفسك واهتماماتك وردود أفعالك تجاه المواقف والشخصية بشكل عام.

يمكن الآن لأي شخص في الغرفة يحب أحد هذه الأشياء الثلاثة (أو يمكنه ببساطة فهم وجهة نظرك حول حدث ما) التواصل معك، وإثارة محادثة حول هذا القواسم المشتركة. كل ما يتطلبه الأمر هو تقديم المزيد من التفاصيل أو رواية قصة شخصية ـ لا داعي للمخاطرة بإفشاء معلومات حساسة!

تخيل هذا: قدم ثلاث تفاصيل أو جمل حيث يمكنك عادةً الرد بواحدة فقط، وذلك لزيادة الكشف عن الذات. حتى لو كانت عطلة نهاية الأسبوع مملة، فاذكر ثلاثة تفاصيل حتى يكون لدى الأشخاص ما يمكنهم العمل عليه إذا لزم الأمر. على الرغم من أن هذا قد يبدو غريبًا في البداية، إلا أنه قد يساعد في إظهار مدى ضآلة ما تكشفه للآخرين عن نفسك.

مشاركة عواطفك. العواطف قوية لأنها عالمية. الجميع في جميع أنحاء العالم، من الأمريكيين إلى السكان الأصليين الأستراليين وسكان الأدغال الأفارقة، يتشاركون في نفس المشاعر وردود الفعل وتعبيرات الوجه ـ وقد أكدت الدراسات العلمية هذه الحقيقة! يمكن لجميع الثقافات في جميع أنحاء العالم أن تتعرف على ما تعنيه الابتسامات والعبوس من الثقافات الأخرى ـ وهو دليل إضافي على أن جميع البشر يشعرون ويعبرون عن مشاعرهم بشكل مماثل.

لذا فإن التعبير عن مشاعرك والإعلان عنها للآخرين هو وسيلة مؤكدة لإنشاء روابط بين الناس. من خلال التعبير، نفتح قنوات الاتصال الأولية والعالمية وغير اللفظية؛ أن نصبح أكثر إنسانية وقابلية للتواصل عند مشاركة مشاعرنا؛ يشعر الآخرون براحة أكبر في التعبير عن آرائهم بالإضافة إلى الموافقة أو الاختلاف معك بمجرد أن تجرؤ على الصراحة فيما يخصك. إن المشاركة بحرية وثقة تشير إلى أنه من المقبول بالنسبة لهم التعبير عن أنفسهم بحرية معنا أيضًا ـ مثل التحدث عن مدى السعادة أو الحزن الذي يجعلنا جميعًا سعداء أو حزينين ـ وهذا يبدأ المحادثات التي تؤدي إلى حوارات أعمق من ذي قبل!

الاستفادة من المشاعر التي لا يميل الآخرون إلى مشاركتها يمكن أن تكون فعالة بشكل خاص في إنشاء روابط قوية معهم. على سبيل المثال، مشاركة مدى سعادة الشخص بشأن نعيم الزواج الجديد من المرجح أن تحصل على ردود إيجابية، ولكن ربما سيكون رد فعل الناس أفضل إذا شاركت قصة مسلية ولكن محرجة عن شيء غير متوقع حدث في حياتك. كلنا نرتدي أقنعة اجتماعية؛ من خلال إظهار بعض المشاعر التي تُظهر للناس الإنسان الحقيقي وراء تلك الأقنعة، ستحقق روابط أعمق بكثير.

مشاركة القصص الشخصية. يساعد القيام بذلك في جعلك تبدو أكثر واقعية وثلاثية الأبعاد؛ على الرغم من أننا قد نشعر بشكل مختلف في بعض الأحيان.

كل يوم نواجه ظروف وصراعات مماثلة. من تنظيف الأسنان وكراهية الاستيقاظ، إلى العمل أو نوع من المشاريع. على الأرجح أن لديك جزءًا من قصة حياتك يمكن للناس أن يتعاطفوا معه؛ يساعدهم هذا على الشعور بالقرب منك وكذلك الضحك حول كيفية خضوعهم أيضًا لتجارب مماثلة؛ في كثير من الأحيان، يقودهم هذا في رحلتهم الخاصة لمشاركة القصص المستوحاة من قصتك!

إن مجرد التحدث أكثر ومشاركة الأشياء التي لا تشاركها عادةً هو المفتاح لتصبح أكثر أصالة وعفوية مع الآخرين، مما يؤدي إلى إنشاء المزيد من المحادثات من لا شيء. التفكير بصوت عالٍ يساعد أيضًا ـ فمجرد إحداث المزيد من الضوضاء يمكن أن يزيد من عدد الأفكار التي تتدفق إلى عقلك في أي وقت!

يمكن أن يكون أمرًا شاقًا: من المحتمل أنك تعلمت منذ الطفولة أن تحافظ على خصوصيتك، ولكن الآن تجد نفسك تخالف سنوات من التعاليم من خلال مشاركة المزيد عن نفسك أكثر مما هو مريح لك. قد تنشأ مخاوف من أن الآخرين قد يجدون قصتك شخصية للغاية، كما قد يتساءلون عما إذا كان أي شخص يهتم برأيك أو قصتك الغريبة؛ لكن الناس يستجيبون في الواقع بشكل إيجابي للغاية عندما ينفتح الآخرون على أنفسهم أكثر، حيث يوفر ذلك دعوة لمزيد من الصدق والاسترخاء بين أقرانهم؛ سيكون نجاحك أسهل في جذب انتباههم، وبناء الروابط، والاستمتاع، كل ذلك بمجرد مشاركة المزيد من نفسك!

ومع ذلك، يجب توخي الحذر حتى لا يطغى على تدفق المحادثة من خلال التركيز على نفسك. لا تزال جميع القواعد القياسية سارية: استمع، واطرح الأسئلة، وشارك بدلاً من استغلال كل فرصة للتحدث أمام الجمهور. عندها فقط تكون المشاركة الإضافية غير مناسبة ـ على سبيل المثال. مقاطعة قصة شخص آخر حتى تتمكن من مشاركة المزيد! لا الحكم

إذا كنت لا تزال مترددًا بشأن الكشف عن المزيد من التفاصيل الشخصية في المواقف الاجتماعية، فإليك بعض الدراسات التي تدعم فوائد ذلك.

أجرى هيلتون وفين تحقيقًا في عام 1989 لفهم الأسباب التي تجعل الناس يصدرون أحكامًا وافتراضات وتقييمات نمطية عن الآخرين. لماذا كان بعض الأفراد يتسرعون في القفز إلى الاستنتاجات دون التحقيق الكافي في الحقائق أو الأسباب؟

اكتشف الباحثون أنه عندما يفتقر الناس إلى معلومات حول موضوع أو شخص ما، تبدأ أدمغتهم في ملء أي فراغات بصور نمطية للتمثيلات العامة. إذا وصفت شخصًا ما بأنه ينتمي إلى نادٍ ريفي، ويقود سيارة باهظة الثمن، ويلعب التنس ويحب لعبة اللاكروس، فمن المحتمل أن تتشكل صورة في رأسك لشخص كهذا؛ كما لو كنا نسقط على الآخرين تحيزاتنا وافتراضاتنا ـ كلما أصبحت الصورة أكثر غموضا، كلما زاد المجال للتفسير الشخصي!

كشف بحث هيلتون وفين أن مجرد إعطاء تفاصيل عشوائية عن الفرد يمكن أن يقلل من الصور النمطية، ويزيد الثقة بين الناس، وبالتالي يساعد في تحويل الأفراد من التمثيلات النمطية للمجموعات إلى أفراد فريدين. عندما تكون المعلومات محدودة فإننا نميل إلى افتراض أن كل شخص يتطابق تمامًا مع ما يوصف بأنه تمثيلاته النمطية.

بمجرد حصولنا على مزيد من المعلومات حول شخص ما في أي مجال، ندرك أننا لا نستطيع تعريفه من خلال سمة واحدة أو اثنتين فقط، وبالتالي نتوقف عن القولبة والحكم. يمكنك جعل الناس يحبونك أكثر، وتقليل الصورة النمطية عنك، والاستثمار عاطفيًا أكثر من خلال تقديم تفاصيل تبدو غير مهمة عن حياتك ـ مثل قول أنك تحب الرسوم المتحركة والحياكة وصيد الأسماك؛ قد يؤدي تقديم مثل هذه التفاصيل إلى قطع شوط طويل

نحو إلغاء الافتراضات التي طرحها الأشخاص حول محبي الأنمي والتي قد تكون لديها افتراضات غير "إمواتية؛ وهذا قد يساعد الناس على إدراك، "لا توجد صورة نمطية. هنا يكمن شخص معقد على أنه خطأ اجتماعي غير مريح؛ ومع ذلك، في الواقع يمكن أن يجعلك TMI غالبًا ما ينظر الناس إلى محبوبًا وجديرًا بالثقة أكثر. ضع في اعتبارك من تفضله كمعارف ـ شخص هادئ ومنجز للغاية ومتناغم عاطفيًا ـ مقابل شخص هادئ. شخص لا بأس بمشاركة عيوبه الشخصية بينما يكون واثقًا بما يكفي للتعبير عن آرائه دون اعتذار؟ بالطبع سيكون من الأفضل لو كانت هذه المعلومات عن نفسك إيجابية وليست محايدة!

من خلال مشاركة معلومات تبدو تافهة عن نفسك، فإنك تساعد الآخرين على الشعور بأنهم يعرفونك ويتوقفون عن وضع افتراضات حول هويتك. يصبح الناس أقل شكًا وأكثر استعدادًا لمنح فائدة الشك عند التعامل معك ـ وبعبارة أخرى، تصبح أقل تهديدًا وأكثر شبهًا بأحد المعارف! من خلال تزويد المزيد والمزيد من الأشخاص برؤى عن أنفسهم حيث يبدأ الناس في الثقة بك بشكل كامل ـ وبالتالي تحويلك إلى صديق أكثر!

بغض النظر عما إذا كانت التفاصيل التي تشاركها تتعلق مباشرة بهويتك أو مهنتك أو طبيعتك أو حياتك غير المهددة أم لا؛ حتى التفاصيل التي تبدو غير ذات صلة مثل تفضيلات العلامة التجارية للنظارات وتفضيلات الألوان يمكن أن تكون ذات قيمة كبيرة في تبديد الصور النمطية والافتراضات عنك من قبل الآخرين. من خلال توفر المزيد من التفاصيل عن نفسك، يصبح من الصعب على الأشخاص الحكم عليك وتصويرك بشكل نمطي بسبب الافتراضات المفقودة والقوالب النمطية التي يتم صنعها عنهم.

ماذا لو، على سبيل المثال، علمنا أن شخصًا ما يلعب التنس وينتمي إلى نادٍ ريفي قد جاء من الفقر عندما كان أطفالًا قبل الالتحاق بالجامعة في منحة دراسية للتنس وقيادة سيارة قديمة وتفضيل البوريتو كأطعمة؟ هل سيغير ذلك نظرتنا لهم؟ قطعاً. بدلاً من قولبة وتعميم المزيد من الافتراضات حولهم كما حدث من قبل مع معلومات أقل نمتلكها الآن عنها، فإن فهمنا سيتجاوز الآن أي صورة نمطية أو تعميم يتناسبون معها، وبمعنى ما، يجب أن يجعل هذا وضعها في أي فئة مستحيلاً أو تعميماً مستحيلاً. ـ الناس يحكمون عليك بما لا يرون والعكس صحيح!

يصبح الناس شخصيات ثلاثية الأبعاد بمجرد توفر المزيد من المعلومات لنا؛ لم تعد هذه السير الذاتية لشخصيات الفيلم مسطحة، ولكنها جزء من قصة مثيرة للاهتمام ومقنعة وجذابة. يزداد فهمنا عمقًا، وفي النهاية ندرك أن البشر عبارة عن اندماجات معقدة غير قادرة على التوافق بدقة مع أي صورة نمطية أو صندوق؛ في الواقع، أنت لم تفعل أي شيء مميز بشكل خاص، ولم تقدم أي بيانات أو رؤى ذات صلة أو ضرورية.

إن الإفراط في المشاركة لزيادة الإعجاب يساعد الأشخاص على الشعور وكأنهم يعرفون جوانب مختلفة منك، والطريقة السهلة للقيام بذلك هي من خلال مشاركة المعلومات غير المرغوب فيها. عندما يسألك شخص ما عن عطلة نهاية الأسبوع الخاصة بك، لا تقل "جيد، كيف كانت عطلتك؟" الرد ـ قم بتقديم ثلاثة إلى أربعة تفاصيل مميزة عند الإجابة على الأسئلة السهلة بدلاً من ذلك، وبالتالي خلق عادة تقديم المزيد من التفاصيل، مما يجعل المحادثة تتدفق بشكل أفضل في جميع النواحي. فيما يلي مثال على عدم المشاركة مطلقًا، وتبادل المعلومات المحدود، وإصدار الأحكام والقوالب النمطية بدلاً من ذلك.

من أين أنت؟

يذهب عقلك تلقائيًا إلى أي صور نمطية لديك عن أوكلاهوما عندما تقابل شخصًا من تلك الولاية. ومن دون معرفة أي شيء آخر عنهم، أو عن تجربتهم هناك، كل ما يتبقى لإصدار حكم على هذا الفرد هو سمة واحدة تحدده: أصله في أوكلاهوما.

وفيما يلي مثال على لماذا قد يكون تقديم المعلومات غير المطلوبة مفيدًا.

من أين أنت؟

على الرغم من أنني ولدت في أوكلاهوما، إلا أن والدي ينحدران من فرنسا، لذا قضيت معظم طفولتي في إزيارة فرنسا بشكل متكرر. بالإضافة إلى ذلك، أملك ثمانية كلاب

حاول الآن وضع هذا الشخص في صندوق. ربما لا يزال هو نفس الشخص، ولكن نظرًا لكثرة المعلومات المتوفرة عنه، قد يصبح الأمر شبه مستحيل. من خلال معرفة المزيد عنهم، أصبحوا أكثر ارتباطًا وإثارة للاهتمام. وربما ينتابك الفضول عندما تتساءل لماذا ثمانية كلاب؟

إن مشاركة المعلومات غير المطلوبة تجعل من السهل على الآخرين التواصل معك. عندما تقدم تفاصيل عن حياتك، يمكنهم بسهولة العثور على أرضية مشتركة وتكوين علاقات. من خلال مشاركة تفاصيل حميمة أو شخصية عنك مع الآخرين، يبدأ أيضًا في بناء الثقة مع إظهار الضعف.
مع توفر المزيد من المحتوى، تظهر المزيد من الفرص للأشخاص للعثور على اتصالات وتكوين علاقات ذات معنى.

اكتشف آرثر آرون في عام 1997 أن المشاركة ذهبت إلى ما هو أبعد من مجرد التقليل من الآراء التي تحكم الآخرين؛ كما أنها خلقت تقاربًا عاطفيًا واستثمارًا بين المعنيين. في الواقع، يُعتقد أن مشاركة تفاصيل أكثر حميمية أو متعمقة يتم قبولها بشكل أفضل.

قام بتقسيم المشاركين إلى مجموعتين. سألت إحدى المجموعات بعضها البعض 36 سؤالًا شخصيًا وحميميًا مثل "ما هي أفظع ذكرياتك؟" و"ما هي أغلى ذكرياتك؟" للكشف عن نقاط الضعف وانعدام الأمن؛ في المقابل، تم توجيه المجموعة الثانية فقط للانخراط في محادثات سطحية قصيرة حول الأمور اليومية.

لا يستمتع الناس عمومًا بالمخاطرة، إلا أن المشاركين في هذه الدراسة كانوا على استعداد لاتباع التوجيهات والقيام بذلك. يخشى معظمنا الإساءة للآخرين أو إظهار الكثير من أنفسنا، الأمر الذي قد يكون مخيفًا. ومع ذلك، فإن أولئك المكلفين بطرح أسئلة شخصية حساسة أو تطفلية على بعضهم البعض طوروا مستويات أعلى من الثقة والألفة والراحة المتبادلة فيما بينهم؛ على الرغم من أنهم لم يعرفوا بعضهم البعض قبل هذه الدراسة البحثية؛ فيما يلي بعض الأمثلة على الأسئلة المطروحة:

1. هل تريد أن تكون مشهورًا ولأي سبب؟

يمكن للقيم الحقيقية للفرد أو ما يعتبر نفسه ماهرًا فيه أن تعطينا فكرة عن أعمق رغباته وأوهامه

2. إذا كان بإمكانك أن تعيش حتى التسعين وتنقذ عقل أو جسد شخص عادي يبلغ من العمر ثلاثين عامًا، فما الذي سيتطلبه الأمر منك لاتخاذ هذا الاختيار؟

عندما تتعلم المزيد عن كل فرد، ستكتسب فهمًا لقيمه ـ الجسدية والعقلية. بالإضافة إلى ذلك، يوفر لك هذا نظرة ثاقبة حول ما إذا كانوا صادقين أم غير صادقين.

3. ما الذي ستغيره في طريقة تربيتك؟

التعرف على ماضي الشخص وتاريخه. اكتشف ما يندم عليه وما إذا كانت طفولته سعيدة. قد يكون اكتشاف بعض الأسرار الشخصية العميقة أمرًا رائعًا!

4. ما هي الجودة التي ترغب في الحصول عليها عندما تستيقظ غدًا؟
من خلال طرح هذا السؤال على شخص ما، يمكنك الحصول على نظرة ثاقبة لتطلعاته وقيمه في الحياة. قد يستجيبون بالصفة أو السمة الأكثر أهمية بالنسبة لهم أو بجانب يشعرون أنهم يفتقرون إليه في أنفسهم.

5. هل أردت أن تفعل شيئاً ولكن لم يخصص لك الوقت؟ لماذا لم تتخذوا الخطوات اللازمة لتحقيق ذلك حتى الآن؟

كل الناس لديهم أحلام وندم. من خلال طرح هذا السؤال على شخص ما، يمكنك اكتشاف ندمه وكذلك ندمه على عدم تحقيق تلك الأهداف عاجلاً وليس آجلاً. من خلال كونك استباقيًا في القيام بذلك بنفسك، فإن طرح هذا السؤال يجعل الشخص الذي تسأله محبوبًا أكثر لأنك تدفعه نحو تحقيق حلمه بدلاً من الانتظار حتى وقت لاحق للقيام بذلك بنفسه.

ومع ذلك، فشلت المجموعة الأخرى في إنشاء مثل هذه المستويات من الثقة والألفة والحميمية ـ فقد ظلوا بشكل أساسي عند مستوياتهم الأولية من التقارب العاطفي. أثبت آرون أنه عندما تشارك المعلومات مع الآخرين فإنهم يحبونك أكثر ويشعرون بالقرب منك. لا يمثل تبادل المعرفة خطوة صغيرة نحو بناء علاقات أقوى، بل يمثل فرصة رائعة لتجاوز مجرد الغرباء إلى علاقات وثيقة. الحديث القصير هو أكثر بكثير من مجرد حديث صغير؛ إنه يمثل خطوة هائلة نحو تطوير صداقات ذات معنى.

وفقا لدراسة أجراها ثيودور نيوكومب، يميل الناس إلى الإعجاب بأولئك الذين يشبهونهم ـ وهو تأثير يعرف باسم انجذاب التشابه. قام نيوكومب بقياس آراء رعاياه حول موضوعات مثل الحياة الجنسية والسياسة قبل تجميعها معًا لأغراض السكن في منزل واحد. أولئك الذين شاركوا وجهات نظر مماثلة عادة ما ينتهي بهم الأمر إلى أن يكونوا أكثر ودية بنهاية تجربته من أولئك الذين لديهم وجهات نظر متباينة.

بالإضافة إلى ذلك، اكتشف باحثون من جامعة فيرجينيا وجامعة واشنطن في سانت لويس أن مجندي القوات الجوية يميلون إلى الانسجام بشكل أفضل مع مجندي القوات الجوية الذين يتشاركون في سمات شخصية سلبية أكثر من الإيجابية. ليس من الضروري أن يكون الأمر على هذا النحو تمامًا ـ لا تحتاج بالضرورة إلى

الموافقة - ولكن من خلال مشاركة المزيد عن نفسك، قد تكتشف أوجه التشابه التي ستساعد الآخرين مثلك بسرعة أكبر.

حتى لو لم تجد في النهاية أي شيء مشترك مع شخص ما، فإن سلوكه الصادق والصريح والواثق سيظل موضع تقدير من قبل الآخرين. يحب الناس انتقاد شخصيات أو مشاهير معينين - ربما تعرف البعض منهم؟ هذا لا يجعلهم أقل إعجابًا!

إعادةً ما يكون الأشخاص الحقيقيون أكثر جاذبية وجاذبية - حتى لو كنت لا تتفق مع وجهة نظرهم!

فكر في ما كان أول ما يدور في ذهنك عند مقابلة شخص جديد في مناسبة أو حفلة للتواصل: البحث عن أوجه التشابه. يمكن أن تشمل هذه؛ من أين أنت؟ من تعرفه هنا؟ هل كانت عطلة نهاية أسبوع جيدة بالنسبة لك؟ ما هي المدرسة التي التحقت بها؟ هل سيعود هذا الشخص إلى المنزل عندما تنتهي إجازته؟ في حين أن هذه قد تكون بعض الأسئلة الشائعة التي يتم طرحها في هذا النوع من التجمعات؛ كان هناك بالتأكيد آخرون.

ما هي خططك (WGAPs)
على الرغم من أن مثل هذه الأسئلة قد تبدو وكأنها أسئلة نقاش عادية، إلا أننا نطرحها في كثير من الأحيان دون قصد ليس لأنها ستساعد في كسر الجمود ولكن كما لاحظت على الأرجح، فإنها تميل إلى جعل الناس يشعرون بالملل على الفور وقد تؤدي إلى صمت غير مريح بين الأسئلة.

نحن كبشر، نميل إلى طرح هذه الأسئلة دون تفكير. يريدنا عقلنا الباطن أن نجد القواسم المشتركة؛ أن "أنا أيضا!" اللحظة التي تثير حوارًا أعمق. لذلك عندما نسأل "أين ذهبت إلى المدرسة؟"، على سبيل المثال، هدفنا هو أن يلتحقوا إما بجامعتنا أو بأصدقاء مشتركين يمكن أن يقودونا إلى مزيد من الحوار والمناقشة الأعمق. عندما نسأل "أين ذهبت إلى المدرسة؟"، على سبيل المثال، نأمل أن يكونوا قد التحقوا بمؤسسة نتشارك معها علاقات الصداقة أو التحقوا بها. عندما تسأل "أوه! يا له من عالم صغير... هل تعرف جيمس تايلور الذي ذهب إلى هناك أيضًا في وقتك؟" في كثير من الأحيان يكون سؤال المتابعة شيئًا من هذا القبيل "أوه! يا له من عالم صغير. هل تعرف جيمس تايلور الذي التحق بالجامعة أيضًا في وقت قريب منك".

على الرغم من أنك قد لا تدرك ذلك، إلا أنك تبحث باستمرار عن أوجه التشابه التي تؤسس الصداقة وتخلق الراحة بين الأفراد. مشاركة هذا الشعور يمكن أن تعزز العلاقة على الفور.

في حين أننا قد نود أن نعتقد أننا منفتحون ويمكننا أن ننسجم مع الناس من خلفيات وأصول مختلفة، فإن الواقع هو أننا نميل إلى تكوين روابط أعمق مع أولئك الذين نجدهم مشابهين - في الواقع نحن نبحث عنهم!

ولهذا السبب توجد أحياء مثل ليتل إيتالي والحي الصيني والحي الكوري.
لكنني لا أقصد فقط من حيث العرق أو لون البشرة أو الدين أو التوجه الجنسي - ما أشير إليه هم الأشخاص الذين يشاركوننا قيمنا ورؤيتنا للعالم ووجهة نظرنا تجاه الأشياء بقدر ما نفعل - مصطلح الطيور على الريش يميل إلى التطبيق هنا - ينبع هذا السلوك من كيفية تطور جنسنا البشري: عند المشي في التندرا أو الغابات، من المحتمل أن تكون هناك حيوانات تحاول قتلك، وسوف تتجنب غريزيًا الأفراد غير المألوفين أو الأجانب والأشياء التي تبدو غريبة كما قد تواجهها. الخطر من هذه التهديدات!

تساعدنا أوجه التشابه على تكوين روابط أقوى مع الأشخاص لأنهم يبدو أنهم يفهموننا بشكل وثيق أكثر من الأفراد الآخرين. إن مشاركة تشابه واحد مهم يقودنا إلى النظر إليهم على أنهم معاصرون لنا أو امتداد لأنفسنا ـ فهذا يجعل عملية الاتصال أكثر بساطة، وتريد أن تظل قريبًا لأن هذا الشخص يفهم تجاربك أكثر من غيره

تخيل أنك ولدت في قرية ريفية بجنوب إفريقيا يبلغ عدد سكانها 970-1000 نسمة، وأنك تعيش الآن في لندن حيث تحضر حفلًا يستضيفه أحد أصدقائك ـ الذي يكبرك بثماني سنوات فقط، ومع ذلك لم تقابلا بعضكما البعض من قبل قبل الآن.

ما هي الانطباعات الأولى التي ستكوّنها تجاه هذا الشخص الآخر وخصائصه؟ هل ستكون هناك مشاعر دافئة بينكما على الفور والافتراضات التي تم وضعها بشأنها والخطط المستقبلية للاتصال؟ هل يمكنك مناقشة النكات الداخلية أو نقاط الاهتمام التي لم تطرحها من قبل مع أي شخص آخر من قبل؟

نأمل أن يسلط هذا الرسم التوضيحي الضوء على أهمية التشابه وقدرته على تشكيل جسور المحادثة.

للوهلة الأولى، قد تبدو أسئلة الأحاديث القصيرة وسيلة فعالة وفعّالة لكشف التشابه بين الأفراد، ولكن قد تكون هناك طرق أفضل. إحدى هذه الطرق هي البحث بنشاط عن أوجه التشابه أو إنشائها؛ وكلاهما يتطلب الجهد والمبادرة من جانبنا.

البحث عن أوجه التشابه يعني طرح أسئلة استقصائية على الأشخاص واستخدام إجاباتهم كأساس لإثبات التشابه، مهما كان طفيفًا.
تبدأ صغيرة. اطرح أسئلة لمعرفة ما يحبه الناس وما لا يعجبهم وكيف يفكرون؛ ثم ابحث داخل نفسك لتحديد أي قواسم مشتركة صغيرة مثل فرق البيسبول المفضلة أو المشروبات الكحولية التي يمكن أن تؤدي إلى اتصالات أعمق ـ سواء كانت أوجه التشابه تلك فرق البيسبول أو المشروبات! مع مرور الوقت، ستكتشف ما يحفز الناس وستجد أشخاصًا أعمق ترتبط بهم على الفور؛ تمامًا كما سيكون من الرائع مقابلة شخص ما من تلك المدينة الصغيرة في جنوب إفريقيا أو مشاركة اهتماماتك بهواية غامضة!

لم يعد بناء العلاقات يتطلب سنوات أو أشهر، أو ظرفًا خاصًا مثل المعسكر التدريبي معًا؛ بل كل ما يتطلبه الأمر هو النظر خارج نفسك وإدراك أن الأشخاص يتشاركون في المواقف والخبرات والعواطف المتشابهة ـ كل ما عليك فعله هو اكتشافها! كن مرتاحًا في طرح الأسئلة والتحقيق بشكل أعمق مما هو طبيعي بالنسبة لك (هل طرح خمسة أسئلة متتالية أمر غريب بالنسبة لك؟ لا ينبغي أن يكون كذلك). على الرغم من أنها قد تبدو متطفلة في البداية ـ ابحث عنها واستخدمها!

النسخ المتطابق هو وسيلة لخلق أوجه التشابه عن طريق تقليد لغة جسد الناس، ونبرة الصوت، ومعدل الكلام والمظهر من أجل إنتاج مشاعر إيجابية (أندرسون 1998). ما عليك سوى ترتيب نفسك بحيث تشبه الآخرين من أجل تجربة مشاعر التشابه ـ بدءًا من الطريقة التي يتخذون بها أنفسهم وحتى الإيماءات التي يقومون بها!

اعكس كلماتهم ونبرة صوتهم وسلوكياتهم كمحاولة لإثبات أنك تشارك قيمًا مماثلة يمكن أن تساعد في تعزيز الروابط الحميمة. تذكر أن النسخ المتطابق لا يعني مجرد تقليد الآخرين بالجملة؛ بل يجب أن تظهر لهم أنك تهتم بما يكفي لتكرار أنفسهم على مستوى ما.

يجب أن تكون وظيفتك هي تكرار الإشارات الجسدية والإيماءات والحركات والسلوكيات التي يظهرها شخص ما عند التحدث ـ على سبيل المثال، إذا استخدم العديد من الإيماءات عند التحدث، فيجب عليك أن تعكس هذا السلوك بنفسك والعكس صحيح؛ وبالمثل، إذا كانت لغة جسده تتضمن الميل إلى الأمام أو عقد الذراعين بشكل متكرر، فيجب عليك أيضًا نسخ ذلك بنفسك.

قم بتكرار تعبيراتهم اللفظية وتعبيراتهم ـ نبرة الصوت، ونبرة الصوت، واختيار الكلمات، واستخدام العامية/المفردات، والتنغيم العاطفي/الإثارة ومستوى الطاقة ـ لتسهيل التعرف على أوجه التشابه. عند مشاركة التفاصيل الشخصية، من المرجح أن تكتشفها بسرعة.

البيان 1: هل كنت تمارس التزلج مؤخرًا؟

العبارة الثانية: لقد ذهبت للتزلج الشهر الماضي مع شقيقيك وكادت أن تنكسر قدمك أثناء رحلة التزلج.

ما هي القصة الأسهل في الارتباط بها وإيجاد أرضية مشتركة فيها؟ وبطبيعة الحال، فإن الإصدار الثاني لأن هناك ثلاثة أضعاف كمية المعلومات. إذا كنت تواجه صعوبة في التواصل مع الآخرين، فمن المحتمل أنك تبحث عن أوجه التشابه دون مشاركة أي شيء بنفسك.

إذا كانت مشاركة حتى التفاصيل الصغيرة أمرًا محرجًا وقسريًا بالنسبة لك، فقد يكون ذلك مؤشرًا على أن شركاء المحادثة ليس لديهم الكثير من المواد التي يمكنهم العمل بها عند الرد عليك. عندما يتوقع الآخرون تبادلًا نشطًا ذهابًا وإيابًا، ولكن بدلاً من ذلك يصبحون هم من يقومون بكل الحديث بينما تجلس في صمت غريب وتتساءل لماذا لا يبدو أحد مهتمًا.

كما هو الحال غالبًا، فإن التعود على الشعور بعدم الراحة لن يؤدي إلا إلى تقوية نفسك وتحسينها في المستقبل.

يمكن أن يكون الكراهية المتبادلة مرضية تمامًا بل وأكثر إمتاعًا من أوجه التشابه المشتركة. هل لاحظت أنه في بعض الأحيان لا مفر من أن تصبح المحادثات الإيجابية سلبية بدلاً من ذلك، حيث تصبح الشكاوى بين كل طرف موضوعًا للمناقشة؟

قد تبدو المحادثات التي تركز على السلبية غير ضرورية في سعيك للتواصل؛ ومع ذلك، يجب أن يُنظر إليها على أنها ضرورية نظرًا لكون السلبية شعورًا قويًا.

فكر في نوع التقييمات التي قد تقرأها عند التحقق من مطعم جديد: قد تجد إما تقييمات إيجابية ومتدفقة، أو على الأرجح، مراجعات مليئة بالغضب والعداء التي ستحفزك على العمل باعتبارك أحد رواد المطعم. يمكن للكراهية أن تحفزنا أكثر من أي شيء آخر!

لقد ذهب بعض مستشاري العلاقات إلى حد الإشارة إلى أن إحدى علامات العلاقات الناجحة للغاية هي القدرة على كره الأشياء والأشخاص المتشابهين.

لا ينبغي أبدًا أن يُنظر إلى السلبية على أنها سلبية؛ إنها مجرد مشاعر أخرى، وكلما تمكنت من خلق المزيد من التفاعلات، كلما كان تأثيرها أكبر.

ما يهم في النهاية هو العودة معًا مرة أخرى. فكر مرة أخرى في كل الصداقات التي تشكلت في معسكرات تدريب الجيش حيث تم تقاسم المعاناة بين الجميع؛ أو المعلمين أو الجداول الصباحية الذين لا تحبهم بشدة؛ لقد خلقت هذه الأنواع من الروابط العديد من الروابط الدائمة ـ وسيكون من الحكمة عدم الخروج من تلك الدورة بسهولة.

دليل ملخص – 25 طريقة



الفصل الأول ـ منع التفاعلات السيئة.

- يكافح العديد من الأشخاص ليكونوا جذابين في المحادثات بسبب سوء فهم مفهوم السحر؛ ومع ذلك، يمكن لأي شخص تطوير الكاريزما من خلال المهارات التي يمارسها.

- النسخ المتطابق هو وسيلة فعالة لبناء العلاقة. يمكن أن يحدث الانعكاس لفظيًا، أو غير لفظي، أو عاطفيًا، ويستخدمه العديد من الثقافات في جميع أنحاء العالم للتعبير عن التفاهم وبناء العلاقة. توفر "قاعدة الثلاثة" لألبرشت إرشادات لإجراء محادثات متوازنة تستمع فيها بشكل صحيح ـ وهذا يعني الاستفادة من البيانات التعريفية (الحقائق أو الآراء الموضحة كحقائق)، أو الأسئلة أو المؤهلات ("الملينات"). للحفاظ على توازن الأمور بين كل بيان تصريحي، يجب أن تكون هناك أسئلة أو مخففات تتخللها طوال الوقت. يمكن أن يساعد استخدام "قاعدة الثلاثة" لألبريشت في تحقيق التوازن في المحادثات ـ استخدم الأسئلة أو المخففات إذا لزم الأمر للحفاظ على التوازن ـ لا تتجاوز أكثر من ثلاث عبارات تصريحية ضمن أي ثلاث عبارات متتالية قبل استخدام الأسئلة أو المخففات إذا لزم الأمر!

- في إجراء محادثات (ARE) Anchor Reveal Encourage وبالمثل، يمكن أن تساعدك طريقة صغيرة بسهولة. حدد أولاً تجربة مشتركة بينكما؛ تكشف عن شيء شخصي يتعلق بهذه المرساة؛ ثم قم بتشجيع كلا الطرفين على المساهمة بحرية من خلال تحفيز المشاركة أيضًا.

- عند مناقشة موضوعات المحادثات القصيرة: الأسرة، والمهنة، والترفيه FORM تذكر الاختصار (الهوايات والاهتمامات)، والتحفيز (الأهداف).

- تجنب الردود المطولة من خلال مراعاة قاعدة الدقيقة الواحدة لإشارة المرور. بعد انقضاء 30 ثانية، اعتبر هذا الوقت بمثابة الضوء الأخضر للتحدث، مع اعتبار اللون البرتقالي بمثابة فرصة للانتقال والتحدث بحرية لمدة 30 ثانية أخرى أو نحو ذلك.

- تعتبر الدقيقة الواحدة المدة المثالية لمعظم العروض التقديمية؛ قد يؤدي تجاوز هذا الإطار الزمني إلى عدم اهتمام المستمعين، وقد يؤدي الشرح الطويل جدًا إلى عدم اهتمامهم تمامًا. تذكر أن تبقيها قصيرة!

الفصل 2. الاتصال تحت السطح

- يتضمن سحر المحادثة التواصل بشكل أصلي مع الآخرين. أولاً، أخرج نفسك من التفكير الأناني عن طريق تعليق الأحكام وتنحية مناقشات الاتفاق/الخلاف جانبًا. كن منتبهًا خلال كل جلسة حوار أثناء الاستماع بنشاط ـ بغض النظر عمن يكون الموضوع! ـ وتجنب الرغبة في ربط كل ما يقولونه بنفسك مباشرة!

- تابع تدريجيًا خلال المراحل الثلاث من العلاقة من خلال تقديم الإفصاحات المناسبة التي تشير إلى الثقة والرغبة في التواصل. قد يتضمن الكشف الخفيف مشاركة قصة محرجة. يتضمن الكشف المتوسط مناقشة المعتقدات والعواطف العميقة. وينطوي الكشف المكثف على مشاركة نقاط الضعف الشخصية. لا تظل كتابًا مفتوحًا تمامًا؛ حدد من تكشف أسرارك أيضًا.

- استخدم قصص التواصل لمشاركة هويتك مع الآخرين؛ بدلاً من نقل الحقائق الجافة، شارك الحكايات التي تنقل حقيقة هويتك كشخص.

- أن تتمتع بشخصية كاريزمية يعني إظهار أنك منتبه من خلال تصنيف تجربة شخص آخر أو مشاعره، باستخدام عبارات مثل "يبدو الأمر كذلك" و"يبدو الأمر كذلك" لإعادة الصياغة وإظهار فهمك المتعاطف.

- وأخيرا، لا تكون مملة! وتشمل الخصائص المملة تلك التي تقلل من المتعة. في المحادثات، كن غير رسمي ومسترخي دون أن تحاول جاهداً أن تبدو ذكيًا أو يبدو ذكيًا.

الفصل 3. انتبه لما تقوله...

- صوتك هو وسيلة تواصل غير لفظية فعالة. كن على دراية بطبقة الصوت وحجمه وتعبيره وسرعته لضمان تحقيق التأثير الذي تريده. تدرب للتأكد من حصولك على التأثيرات المرغوبة.

- اكتشف عالم الأعصاب أنطونيو داماسيو أن الناس يتخذون قراراتهم بناءً على العاطفة وليس المنطق، وهذا قد يفسر سلوكك.

- عندما تسعى إلى تكوين اتصالات ذات معنى مع الآخرين، فإن ما يهم هو معرفة من تتحدث إليه.

- أنشئ محادثات تبدو غنية وممتلئة و"كاملة". ما عليك سوى البدء في سرد الحكاية دون اختتامها حتى تتمكن من العودة لاحقًا إذا توقف الحوار.

- اللغة الجديدة والحديثة والحيوية ستجعل المشاركة في التحدث أكثر جاذبية. استخدم الاستعارات لشرح المواضيع المعقدة بمصطلحات مترابطة؛ التواصل عاطفيًا باستخدام لغة مقنعة أو صور حية؛ دع حماسك يظهر من خلال!

- ضع في اعتبارك أن المحادثات يجب أن تركز على التواصل والاستماع بدلاً من التنافس أو الأداء، واستخدام "نعم، و" من الكوميديا الارتجالية كمبدأ توجيهي سيبقي الأمور مفتوحة وديناميكية. تخلى عن الأفكار المسبقة حول هدف محادثتك واتبع ببساطة ما يظهر ـ ستشعر محادثتك بأنها أكثر طبيعية ومبهجة ومتصلة نتيجة لذلك!

(الفصل 4. التواصل بدون كلمات (...وما لا ينبغي قوله

- ما لا تقوله يمكن أن يكون بنفس القدر من الأهمية. عند التحدث، تأكد من تضمين فترات توقف في اللحظات المناسبة للتعبير عن الثقة أو التركيز وإتاحة الوقت الكافي لجمهورك لمعالجة ما قلته.

- استخدم مبدأ باريتو، المعروف أيضًا بقاعدة 80-20، واهدف إلى التركيز على جعل محادثتك 80% عن الآخرين و20% عن نفسك. استمع واطرح الأسئلة وانتبه بدلاً من فرض موضوعات معينة على شخص آخر أو مقاطعته.

- انتبه إلى التعبيرات الدقيقة (حركات الوجه الصغيرة والسريعة)، خاصة إذا بدت متعارضة مع ما يقوله شخص ما. تكشف التعبيرات الدقيقة عن مشاعرهم الحقيقية.

- إن مراقبة مشاعرهم ستمنحك فهمًا أكبر لحالتهم.

- انتبه وتأكد من أن الردود سريعة؛ يميل الناس إلى الاستجابة بسهولة أكبر عندما تظل الأمور منخفضة المستوى ومستجيبة.

- ومع ذلك، قد يكون من الأفضل إنهاء المحادثة التي تبدو راكدة بدلاً من الذعر عندما يبدو أن الأمور قد تلاشت.

- إذا وجدت نفسك تتجه نحو الصراع، فتراجع خطوة إلى الوراء وقم بتقييم ما إذا كانت ملاحظات شخص ما تعكس التنافر المعرفي؛ إذا كان الأمر كذلك، ابتعد وحاول إقامة علاقة مرة أخرى بدلاً من المضي قدمًا ـ فالدفع لن يؤدي إلا إلى المزيد من المقاومة! كن حذرًا من اعتناق آراء غير متوافقة أو غير معقولة بنفسك!

(CQ) الفصل الخامس: ارفع مستوى ذكائك في المحادثة

- أن تصبح ساحرًا يتطلب تنمية الوعي الاجتماعي وذكاء المحادثة. يتطلب تحقيق ذلك التعاطف والقدرة على الخروج من فقاعة الواقع الخاصة بك للتعرف على أي نقاط عمياء قد تكون لديك أثناء التحدث.

- لا تفترض أبدًا أن الآخرين يفكرون أو يشعرون أو يؤمنون مثلك أو أن تجربتهم في المحادثات تتوافق مع تجربتك. استمع جيدًا عندما يشاركك الآخرون وكن منفتحًا؛ بدلاً من وضع الافتراضات والتخمينات.

- على عكس النصائح التقليدية فيما يتعلق بالمحادثات الصغيرة، يمكنك بناء علاقة مع الغرباء من خلال التعمق معهم عمدًا ـ وقد تكون مثل هذه المحادثات أقل حرجًا من المتوقع. فقط تأكد من عدم تقديم شكوى أو إجبار الأشخاص على الاستجابة بطرق معينة.

- استخدم مبادئ القراءة الباردة لإثبات أنك تستمع وتفهم احتياجاتهم من خلال الدعوة إلى المشاركة، والإدلاء بعبارات عامة ذات احتمالية عالية مع احتمالية منخفضة لسوء الاعتقاد، والتقليل من أهمية التخمينات غير الصحيحة، وجمع الملاحظات، وجمع المزيد من الأدلة التي تظهر للناس أنك تهتم بالفعل.

- يميل الناس إلى إخفاء رغبتهم في إنهاء المحادثات من خلال البقاء عدوانيين سلبيين؛ يفضل معظمهم أن تنتهي المحادثات عاجلاً. كن آمنًا من خلال فك الارتباط بلطف من خلال انتظار الفرصة المناسبة، وبدء مناقشة إيجابية، وتقديم العذر، والمغادرة بدفء ولكن أيضًا بعدم الارتياح.

الفصل 6. تحليل الموضوع الشامل

- عند هذه النقطة، يصبح الاستماع النشط أمرًا أساسيًا. تتضمن هذه التقنية الانخراط في المحادثات أثناء وجودك في الطرف المتلقي؛ قد يعتقد الكثيرون خطأً أن التلقي يعادل الجلوس بهدوء؛ نحن نقدم تسعة أنواع من الاستجابات للاستماع النشط عند محاولة إنشاء علاقات عميقة: الفهم، والاحتفاظ، والاستجابة، وإعادة الصياغة، والتأمل، وتلخيص المشاعر، والتحقق من الأسئلة الرائدة والصمت هي مجرد عدد قليل من الطرق التي يمكن بها أن يساعد بها الاستماع النشط في تعميق العلاقات.

- قد يبدو الإفراط في المشاركة قرارًا محفوفًا بالمخاطر، لكن الأبحاث تثبت العكس: فالانفتاح على الآخرين يجعلهم يحبوننا ويثقون بنا أكثر. من خلال مشاركة تفاصيل عن نفسك وإعطاء تفاصيل محددة حول تجارب الحياة، ستميز نفسك عن الصور النمطية بينما تجعل الحياة تبدو أكثر روعة وإقناعًا للآخرين في نفس الوقت.

النهاية

www.ingramcontent.com/pod-product-compliance
Lightning Source LLC
Chambersburg PA
CBHW081405130726
47998CB00011B/3078